사회적 가치와 공기업 혁신

지방공기업 혁신전략 수립과 실천을 위한 안내서

책의 목적과 전체 구성

이 책은 윤진호 사장의 제안으로 시작되었다. 제안자인 윤진호 사장을 포함하여 김미경, 김성균, 오수길, 배성기, 임봉규가 제안에 동의하여 여섯 번의 공부모임을 가졌고, 두 차례의 종합토론을 거쳐 만들어졌다(김미경, 김성균 두 분은 아쉽게도 개인사정으로 끝까지 함께 하지 못했다). 당시의 문제의식은 <사회적 가치 공기업 혁신 방안 스터디>란 모임 제안 요지로 카카오톡 문자메시지에 다음과 같이 담겼다.

사회적 가치 중심으로 공공부문 평가 방식이 발표되었으나, 사회적 가치를 반영하는 평가지표가 아직 불분명하여 공기업 활동의 혼란이 예상된다.

거버넌스 활성화를 위해, 좁게는 사회적 가치인 '주민참여'의 평가지표를 구체화할 필요가 있고, 넓게는 '사회적 가치 중심의 공기업 혁신'이 어떤 방향으로 진행되어야 하는 가를 구체적으로 제시할 필요가 있다.

1. 사회적 가치를 중심으로 공기업을 운영한다는 것은 무엇인가?
2. 공기업이 추구할 사회적 가치는 무엇인가?
3. 사회적 가치를 중심으로 공기업을 운영하기 위해서는 사업결정, 사업

집행, 사업평가, 인사·평가방식에서 어떤 제도와 문화를 도입해야 하는가?

4. 시민이 바라는 공기업의 혁신은 무엇인가?
5. 사회적 가치를 중심으로 공기업을 운영하면, 시민이 바라는 공기업의 혁신은 이루어지는가?

애초에는 지방정부를 포함한 공공기관 전반의 혁신을 주제로 다루려다 초점을 지방공기업에 맞추는 방향으로 조정하였다. 지방정부가 지방공기업과 밀접한 관련을 가지나 함께 다루기에는 분량상의 문제, 초점이 흐려지는 문제가 있다고 보았다. 이 책의 1차 독자는 물론 지방공기업의 전략부서 담당자들이지만, 중앙 및 지방정부 혁신정책 담당자들에게도 정책설계와 실행에 유용한 지침과 함의를 제공하리라 본다. 또한 사회적 가치 중심의 정부혁신에 궁금증을 가진 일반 독자들에게도 좋은 길잡이가 될 것이다.

이 책은 사회적 가치 중심의 정부혁신에 부응하기 위해선, 지방공기업의 경영전략을 사회적 가치 실현을 위한 전략으로의 전환해야 한다고 주장하고 그에 대한 안내서로 기획되어 지방공기업의 경영전략 수립 담당자들이 사회적 가치 실현을 위한 경영전략 수립과 실행, 성과관리에 직접 참고 할 수 있도록 사례와 도구를 담았다.

전체 구성은 사회적 가치의 개관, 공기업의 경영전략에 사회적 가치를 담아내기 위한 방안, 서울주택도시공사와 영국의 하이웨이 잉글랜드의 사례, 영국의 사회적 가치 정책의 흐름과 정책제언으로 이루어졌다. 마지막으로 두 번째 전체 토론을 요약하여 결론을 대신하였다. 각 장 소결을 먼저 읽고 순서대로 읽어나가는 것도 좋은 독서법이라 생각된다.

오수길, 「사회적 가치의 의의와 조직목표의 전환」

오수길은 「사회적 가치의 의의와 조직목표의 전환」에서 한국사회에서 사회적 가치가 거론되는 배경, 수용되는 형태를 살피고 사회적 가치의 정의와 측정 등의 연구를 종합하며 조직의 목표를 구성원이 공유하는 것이 사회적 가치 실현의 출발점이라고 주장한다.

문재인정부는 5대 국정목표의 하나로 '국민이 주인인 정부'를 설정하고, '투명하고 유능한 정부', '사회적 가치 실현을 선도하는 공공기관'을 주요 국정과제로 포함시켜 '사회적 가치를 반영한 공공기관 정책 수립, 시행 및 평가체계 확립', '정보공개 확대 및 공공기관 지배구조 개선으로 자율 책임경영체계 내실화'를 목표로 설정하였고, '사회적 가치 기본법안'이 제정되지 못한 채로 행정안전부와 기획재정부 관할 공공기관의 평가체계에 사회적 가치를 구현하여 공공기관의 사회적 가치 중심의 혁신을 독려하고 있다.

오수길은 도현명, 이재열, 박명규 등의 사회적 가치에 대한 정의를 살피며, 사회적 가치는 어떤 하나의 영역, 하나의 주체에 해당되는 가치가 아닌 사회 전반의 가치, 공동체 가치를 지향하는 것이며, 각 영역에서 일정한 주체에 초점을 맞춘 노력들이 축적되고 포괄되어야 하며 궁극적으로 전 사회적인 변화를 지향하는 것이어야 한다고 종합한다. 또한 권인석, 장용석, ISO26000(SR)의 논의를 끌어들여 사회적 가치는 사회문제 해결이란 지향점을 가진다고 하고, 사회적 책임과 지속가능발전에 가치와의 관계를 해명하고 있다.

오수길은 사회적 가치의 측정과 관련하여, 영국의 사회적 가치 네트워크의 사회적 가치의 정의인 "삶에서 경험하는 변화에 대해 사람들이 부여하는 상대적인 중요성의 계량화"와 적용의 7가지 사회적 가치의 원칙(이해 당사자의 포함, 변화상에 대한 인식, 결과의 입증 증)을 소개하고, 한국토지주택공사(LH)의 계량화 사례와 사회적 성과 측정 논리모형, 사회적 가치 창출과 측정을 위한 계획 수행 과정을 소개하며 사회적 가치 측정 방법을 예시하였다.

오수길은 글의 마지막 장에서 SDGs와 사회적 가치의 의제간의 공통점을 나열하며, 사회적 가치가 조직과 구성원의 목표설정, 목표에 대한 공유, 목표 달성과정과 밀접하며, 조직의 목표 공유가 사회적 가치의 실현의 출발점이라고 주장한다.

배성기, 「공공기관 경영전략과 사회적 가치 실현 연계방안」

배성기는 「공공기관 경역전략과 사회적 가치 실현 연계방안」에서 정부혁신 정책과 사회적 가치 유형의 연관성을 추적하여, 현 정부의 혁신이 사회적 가치가 작동되는 공공기관 운영을 통해 기업과 시민사회 및 지역사회의 변화를 유인하여 국가 혁신을 추진하는 과정이라고 주장하고, 공공기관의 전사경영전략과 사회적 가치 실현전략을 유기적으로 연계하기 위한 공공기관 혁신체계와 사회적 가치 구현 성과관리 방안을 제안한다.

배성기는 이명박 정부의 선진화 정책이 경영효율화에 치중하여 상대적으로 공공기관의 공공성이 약화되었으며, 공공기관의 공공성을 강화하고 더 많은 공익 창출을 위해 사회적 가치 창출이 요구된다고 보고, 현 정부는 사회적 가치가 공공서비스 운영원리로 일하는 방식의 변화로 확장되기를 바라고 있으나 현장에서는 혁신전략체계의 구성과 내재화에 많은 어려움을 겪고 있다고 한다.

배성기는 공공기관들이 대부분 혁신전략 구현을 위해 혁신 추진체계-혁신활동

성과관리- 혁신네트워크 활성화-내부혁신 역량강화를 추진하고 있으며, 세 가지 필요조건인 실행가능한 거버넌스 체계의 구축(사회적 가치 실현 혁신네트워크), 추진과제별 공공기관 내부 규정과 절차 개선과의 연계(조직혁신), 실무 담당자의 변화 유인을 위한 세밀한 운영계획(개인혁신)을 이루어야 실효성 있는 혁신으로 이어진다고 진단한다.

배성기는 사회적 가치 구현을 위한 성과관리를 내부적 혁신성과와 외부적 혁신성과, 과정혁신(조직혁신, 업무혁신)과 서비스·산업혁신으로 구분하며, 공공기관의 경영목표와 혁신전략체계를 연계한 사회적 가치창출은 내·외부 혁신 방향에 자극을 줄 수 있는 네트워크 구축과 기관혁신, 개인혁신이 연계되어 운영될 때 공공기관의 혁신체계가 작동된다고 주장한다.

윤진호, 「서울주택도시공사, 혁신에 나서다」

윤진호는 「서울주택도시공사, 혁신에 나서다」 에서 서울주택도시공사의 전략계획 수립 사례를 통해 지방공기업의 혁신전략에 사회적 가치가 어떻게 반영되는지를 보여주고 있다.

윤진호는 많은 지방공기업들이 목적에 맞는 사업을 추진하여 국민생활 향상에 기여하고 있지만, 다른 한편 낮은 생산성, 수익성 중시에 따른 공공성 약화, 서비스 정신 결여 등의 문제를 드러내기도 했다고 하면서 이는 정부규제, 행정과 의회의 이중 견제 등의 외부적 요인에 의한 자율성 제약의 측면과 리더십, 성과평가, 인사 등의 내부적 요인의 작용 결과라고 한다.

윤진호는 서울주택도시공사의 설치 조례에서부터 최근 개정조례에 담긴 공사의 기본업무를 '택지의 개발과 공급, 주택의 건설, 개량, 공급 및 관리 등을 통해 시민의 주거생활과 복지향상의 기여'로 밝히고 있다.

윤진호는 서울주택도시공사의 혁신의 요구를 시민들의 의견, 직원들의 의견, 서울시 행정의 수요로부터 도출하였다. 시민들의 요구는 '주거복지를 위한 다양한 주택공급과 주거 서비스 확대, 공사의 전문성 향상, 투명 경영'으로 요약되며, 공사 직원들은 '수익성과 공공성의 조화, 변화되는 주택시장에 대한 대응, 신규사업을 위한 재원발굴, 전문성 강화'를 요청하였다. 공사는 서울시의 추진정책의 실행에 초점을 맞추다 보니 정책기획역량은 발달하지 못하고 실무역량만 발달했다고 비판한다. 비성과주의가 조직의 정체를 가져오며 이를 극복하기 위해서는 공사와 서울시 행정간의 공공서비스 구현을 위한 파트너십의 형성, 시민들과 공사와의 거버넌스 구축, 공사의 관료주의와 보수적 조직문화의 혁신 등의 과제를 사회적 가치 기반의 공사혁신으로 풀어야 한다고 진단한다.

서울주택도시공사는 2018년 10월 '시민주주 기업'을 비전으로 청렴경영, 조직혁신, 시민참여 등의 7대 가치, 14개 실행계획(사업, 업무, 조직혁신 과제)을 담은 혁신안을 발표했다. 혁신안의 주요 내용은 첫째, 공사 창립목적인 '주거생활권 안정'을 가장 중점적으로 실현할 사회적 가치로 선정, 총가구 1/5을 공적 임대주택건설로 서울 주택시장의 안정에 기여할 것을 밝혔다. 둘째, 사업혁신과 함께 업무혁신, 조직혁신을 중요하게 다루었다. 일하는 사람이 대접 받는 조직을 만드는 혁신 실행조직의 신설, 시민이 주주의 권한으로 경영에 참여할 수 있는 체제 등을 만드는 조직혁신 과제를 담은 공사의 혁신안은 타기관의 사업혁신과제를 중점으로 다룬 것과 뚜렷한 차이라고 한다. 셋째, 시민주주기업의로의 전환을 목표로 하고 있다. 시민주주기업은 지방자치단체와 시민이 함께 지방공기업을 관리하는 방안으로 공기업의 상대적 자율성을 높이고 시민에 대한 책임성을 강화하는 방안이라고 전망하였다.

또한 서울주택도시공사는 2019년 2월 「서울주택도시공사 신비전 및 중장기 경영전략」을 발표하여 '스마트 시민기업'을 비전으로 '도시공간의 사회적 가치창출'을 미션으로 공적임대주택 20%이상 달성 기여, 신성장사업 매출비중 30% 달성, 사회적 가치 선도기업 실현 등의 경영목표를 제시하여 혁신안과 궤를 같이 하고 있다고 윤진호는 평가하였다.

마지막 장에서 윤진호는 서울주택도시공사의 자율적 혁신을 위해서는 내부에서 혁신가들이 혁신할 수 있게끔 제도적 환경을 조성하고 혁신과제의 목표는 수요자 중심의 측정가능한 지표로 설계되고, 조직과 개인의 성과는 측정되고 평가되어 인사에 반영되어야 한다고 주장하였다.

배성기, 「영국 사회적 가치 정부 혁신정책과 시사점」

배성기는 「영국 사회적 가치 정부 혁신정책과 시사점」에서 영국의 사회적 가치 정책의 흐름을 개관하고 하이웨이 잉글랜드의 사례, 내각사무처의 운영평가를 통해 한국에서 사회적 가치 정책방향에 대한 제언을 담았다.

배성기에 따르면 사회적 가치를 정부차원으로 최조로 정리하고 제도화한 국가는 영국이다. 영국은 2012년 유럽연합의 사회책임조달을 기반으로 하는 공공서비스(사회적 가치)법을 제정하여 공공부문이 사회적 가치 실현을 주도하는 조력자(enabler)로 나서도록 하였다. 사회적 가치법은 공공기관이 공공서비스를 수행할 때 반드시 '공동체'에 미칠 여러 효과를 고려할 것을 규정하고, 공공서비스와 사회적 가치를 병기하는 것에 드러나듯이 사회적 가치를 '위탁 및 조달과정에서 재화와 서비스의 직접구매와 그에 따른 결과 이상으로 창출되는 공동체를 위한 편익'으로 규정하고 있다.

사회적 가치와 관련된 영국 정부의 접근은 1997년 노동당의 토니 블레어(Tony Blair)의 제3섹터 정책과 사회적 기업 정책에서 연원한다. 2007년 블레어의 계승자 고든 브라운(Gordon Brown)은 제3섹터의 사회문제 해결 노력을 인정하며, 정부의 역할을 제3섹터가 성장할 공간과 기회를 만들어 함께 일하는 좋은 파트너가 되는 것으로 보았다.

이후 2010년 보수당의 데이비드 캐머런(David Cameron)은 '큰 사회(Big Society)'를 담론으로 제시하며 정부실패, 시장실패의 대안으로 사회를 부각시켜 사회문제 해결의 주체를 국가에서 민간과 지역사회로 이전을 목표로 하였다. '큰 사회'정책의 대표적인 성과는 '큰 사회기금(BSC : Big Society Capital)' 설립과 '공공서비스(사회적가치)법(Public Servyce(Social Value) Act 2012)의 제정이다.

배성기는 사회적 가치법의 특징을 공공기관이 공공서비스를 디자인하고 공급함에 있어 연계된 사회적, 경제적, 환경적 부가가치가 국가 및 지역 공동체의 필요에 가장 적합하고, 공급자에게 어떤 혁신의 기회를 제공할 것인지에 대해 판단할 수 있는 권한이 부여 된 것으로 요약한다. 배성기는 사회혁신을 위한 정책 실행단계에서 가장 어려운 것이 공직관의 변화를 유인하는 것이라고 하고 영국 맨체스터의 교육과정과 사례를 소개하고, 사회적 가치의 공공기관 구체적인 사례로 하이웨이 잉글랜드(Higways England)를 착수-이행-검토 및 평가-분석의 단계로 나누어 소개하고 있다.

영국의 내각사무처(Cabinet Office)는 사회적 가치법 이행과 관련된 걸림돌과 확대적용 가능성을 포함한 집행상황을 고찰한 보고서를 발표하였다. 보고서는 구매력을 활용한 사회적 가치를 창출한 사회책임조달이 긍정적인 성과를 가져왔다고 평가하고, 사회적 가치법에 대한 인식 혼선, 사회적 가치법에 대한 다양한 이해에서 기인하는 일관성 없는 적용, 사회적 가치 평가방법론 개발과 적용방안 문제를 해결해야할 과제로 꼽고, 사회적 가치를 구현하는 방안으로 10단계 조달방법을 제안하고 있다.

배성기는 영국의 경험이 현 정부혁신정책에 주는 시사점으로 사회적 가치를 구현하기 위한 프레임웍이 설득력 있게 제시되어야 하며, 사회적 가치 전략수립과 실행방안에 관한 가이드라인과 공직관 변화를 유인하기 위한 체감력 있는 교육프로그램의 제시를 꼽고 있다.

| 목차 |

CHAPTER 01

사회적 가치의 의의와 조직목표 체계의 전환

오수길

| 고려사이버대학교 |

사회적 가치의 의의와 조직목표 체계의 전환

오수길(고려사이버대학교)

1. 왜 사회적 가치가 거론되고 있는가?

문재인정부는 국정기획자문위원회를 통해 2017년 7월에 발표한 「문재인정부 국정운영 5개년 계획」에서 국민이 주인인 정부, 더불어 잘 사는 경제, 내 삶을 책임지는 국가, 고르게 발전하는 지역, 평화와 번영의 한반도 등 5대 국정목표 중 '국민이 주인인 정부' 목표의 4대 국정전략 중 '투명하고 유능한 정부'에 '사회적 가치 실현을 선도하는 공공기관'을 국정과제로 포함했다.

이 과제의 목표는 첫째, "사회적 가치를 반영한 공공기관 정책 수립, 시행 및 평가체계 확립", 둘째, "정보공개 확대 및 공공기관 지배구조 개선으로 자율 책임 경영체제 내실화"로 설정되어 있다. 이는 인권, 안전, 환경, 양질의 일자리 등 사회적 가치 실현을 공공기관이 선도하여 적극 실현하도록 운영한다는 내용을 담고 있고, 이를 통해 공공기관의 공공성 제고와 사회적 가치를 실현하여 국민 전체의 사회적 편익을 증대할 것이라는 기대효과가 제시되어 있다.

사회적 가치에 관한 문재인정부의 기조는 2014년 6월 17일 당시 문재인 의원의 대표발의로 60명이 제안한 '공공기관의 사회적 가치 실현에 관한 기본법안(의안번호 1910886, 임기만료폐기)'에서 비롯되었다고 할 수 있다. 이 법안의 제안이유는 다음과 같이 시작한다.

○ 지금까지 세계경제를 이끌어왔던 신자유주의 성장전략은 심각한 양극화와 불평등을 초래했을 뿐 아니라 성장도 더 이상 불가능함을 증명하고 있음. 대다수 국민이 체감하는 삶의 불안은 더욱 커지고 있으며, 사회통합을 유지하는 데도 한계에 봉착하고 있음.

○ 세월호 참사는 사람의 생명과 안전보다 이윤을 앞세웠던 우리 사회의 민낯을 직시하게 함. 이제는 이윤과 효율이 아니라 사람의 가치, 공동체의 가치를 지향하도록 국가시스템을 바꾸어야 할 때임.

당시 우리 사회의 양극화와 불평등을 비롯한 제반 위기는 2014년 4월 16일 세월호 사건으로 곪아 터졌고, 근본적이고 전 사회적인 성찰이 필요하다는 논의로 이어졌다. 이 법안은 이런 성찰을 배경으로 하고 있는데, "인권, 노동권, 안전, 생태, 사회적 약자 배려, 양질의 일자리, 대-중소기업 상생협력" 등을 사회적 가치로 보았다. 이것이 공공의 이익과 공동체 발전에 기여할 수 있는 가치이며, 경제운영원리의 주요 축이 되어야 함은 물론 핵심적인 국가운영원리의 하나가 되어야 한다는 것이다.

사회적경제나 기업의 사회적 책임(CSR: Corporate Social Responsibility) 활동과 같이 사회적 가치를 실현하고자 하는 움직임이 있음에도 공공기관의 정책수행 과정에서는 초보적인 수준이라는 것이 이 제안의 문제 제기다. 이에 따라 공공기관이 조직운영, 공공서비스 공급, 정책사업 수행과정의 기본 원리로 사회적 가치를 고려하고 이를 실현할 수 있도록 하며, 공공기관 성과평가로까지 연결하는 제도 개선 방안을 마련하고자 한 것이다. 이를 통해 궁극적으로 사람의 가치와 공동체의 가치가 중시되고 협동과 상생이 실현되는 사회가 될 수 있다는 기대를 담고 있다.

이후 2016년 8월 17일 김경수 의원을 대표로 51인이 발의한 '공공기관의 사회적 가치 실현에 관한 기본법안(의안번호 2001524)'이 문재인 의원 대표발의 법안의 제안이유와 주요 내용을 같이 하여 제안되었다. 그리고 2017년 10월 26

일에도 박광온 의원을 대표로 21인이 발의한 '공공기관의 사회적 사회 실현에 관한 기본법안(의안번호 2009920)'이 제안되었다. 박광온 의원 법안은 "공공부문부터 사회적 가치 실현을 선도하고 나아가 민간부문으로 확산"시키기 위해 기본법을 제정하고자 한다는 이유를 요약하였다.

이밖에도 20대 국회 들어 사회적경제기본법이나 사회적경제기업 제품 우선구매 및 판로촉진 특별법과 같은 관련 법안이 14개나 되지만, 자유한국당이 반자본주의이자 반시장주의 법안이라며 반대하고 있어 사회적 가치의 실현 노력을 위한 제도화의 전망은 불투명하다(이데일리, 2019. 1. 17), 사회적경제기본법은 본래 19대 국회에서 2014년 4월 유승민 의원이 처음 발의한 것으로, 그 기원은 19세기 영국으로 거슬러 올라가는 것이다. 심지어 2019년 1월 15일 문재인 대통령이 기업인 130여 명과 함께 가진 '2019 기업인과의 대화'에서 SK그룹 최태원 회장이 "사회적기업은 고용창출에도 상당한 효과가 있다. 솔직히 이 말씀을 2년 전에 드린 적이 있다. 그런데 사회적기업과 관련된 법들이 진행이 안 되고 있다."고 했다 하니 반대 논리가 군색하다.[1)]

문재인 의원의 법안은 제3조 사회적 가치를 "사회적, 경제적, 환경적, 문화적 영역에서 공공의 이익과 공동체 발전에 기여하는 가치"라고 정의하고 있다. 그리고 여기에는 다음과 같은 내용이 포함되는 것으로 예시하고 있다. 문재인정부에서 사회적 가치를 실현한다는 국정과제는 최소한 이런 내용을 바탕으로 하고 있음을 알 수 있다.

가. 인간의 존엄성을 유지하는 기본권리로서 인권의 보호
나. 재난과 사고로부터 안전한 근로 생활환경의 유지
다. 건강한 생활이 가능한 보건복지의 제공

---

1) 이형희 SK수펙스추구위원회 사회적가치위원회 위원장은 "사회의 요구를 포착하는 것을 게을리하는 기업은 지속적으로 성장하기 어렵다. 사회적 가치 창출은 SK의 신규 사업전략이자 중요한 마케팅전략이다."라고 말했다(비즈니스포스트, 2019. 5. 24). 친환경 플라스틱 제품이나 전기차 충전소 확대.등의 대안이 제시되고 있어 이윤을 좇는 경제적 가치만이 아니라 사회적 가치를 추구하면서도 경제적 가치가 또 다른 부가가치로 나올 수 있다는 것이다.

라. 노동권의 보장과 근로조건의 향상
마. 사회적 약자에 대한 기회제공과 사회통합
바. 대기업, 중소기업간의 상생과 협력
사. 품위 있는 삶을 누릴 수 있는 양질의 일자리 창출
아. 지역사회 활성화와 공동체 복원
자. 경제활동을 통한 이익이 지역에 순환되는 지역경제 공헌
차. 윤리적 생산과 유통을 포함한 기업의 자발적인 사회적 책임 이행
카. 환경의 지속가능성 보전
타. 시민적 권리로서 민주적 의사결정과 참여의 실현
파. 그밖에 공동체의 이익 실현과 공공성 강화

2. 공공부문에서는 사회적 가치를 어떻게 받아들이고 있는가?

「2018년도 공공기관 경영평가편람」에서는 경영관리 평가범주에 '경영전략 및 리더십' 등과 함께 '사회적 가치 구현'을 주요 평가내용으로 포함하고 있다. '사회적 가치 구현' 평가지표에는 일자리 창출, 균등한 기회와 사회통합, 안전 및 환경, 상생·협력 및 지역발전, 윤리경영 등이 포함되어 있다. 이들 항목에 대한 정의는 다음과 같다.

〈표 1〉 공공기관 경영평가의 사회적 가치 구현 평가지표 항목별 지표 정의

평가지표	지표정의	세부평가내용
일자리 창출	비정규직의 정규직 전환 실적, 청년 미취업자, 시간선택제	● 비정규직, 간접고용의 정규직 전환 실적 ● 일자리 창출 관련 계량 항목은 각 가중치 범위 내에서 기관이 설정
	일자리 창출(민간부문의 일자리 창출 포함)과 고용의 질 개선	● 일자리 창출과 고용의 질 개선을 위한 기관별 추진 전략 및 계획의 수립, 이의 지속가능성과 절차적 정당성 확보 여부 ● 퇴직자로 인한 신규채용 여력 이외에 정현원차 관리, 일하는 방식 개선 등 다양한 근로형태의 도입을 통한 일자리 창출 노력 및 성과(교대

평가지표	지표정의	세부평가내용
		제 변경, 시간선택제, 유연근무제 및 탄력정원제 실시 등) ● 비정규직의 정규직 전환 과정에서 기관의 노력과 성과(기관의 여건 · 특성 등을 고려한 전환의 난이도 및 목표 초과 달성, 관련 법령 · 지침 준수 여부 등 고려) ● 기관의 핵심사업 및 조달·위탁사업을 통한 민간부문의 일자리 창출 노력과 성과(사내벤처 활성화 등 혁신적 수단을 통한 직접적 민간의 일자리 창출과 금융지원, 컨설팅 등 간접적 지원을 통한 민간 일자리 창출 노력과 성과) ● 일자리 창출을 위한 기관의 혁신적 노력, 협력과 공유를 위한 성과(기술 혁신, 신규사업 발굴, 협력기업과의 기술 및 성과 공유, 우수사례 확산 및 공유(일자리 콘테스트 등), 일자리 관련 공익단체·법인과의 협력 등
균등한 기회와 사회통합	사회적 약자에 대한 고용과 보호 등 사회통합	● 균등한 기회와 사회통합을 위해 장애인 의무고용, 국가유공자 우선 채용, 용역근로자 보호지침 준수 등의 항목에 대해 가중치 범위 내에서 기관이 설정
	사회형평적 인력 활용과 균등한 기회보장	● 차별적 요인 배제 등 공정한 과정을 통한 채용 노력과 성과(블라인드 채용 등을 통한 투명성 제고 노력 여부) ● 청년·고졸자 및 지역인재 채용을 위한 노력과 성과(청년고용 준수 여부, 고졸채용 확대, 비수도권 인재 채용·혁신도시 이전지역 인재 채용 비율 달성 노력 여부) ● 기관의 여성관리자(본부직제상 부서장 임용이 가능한 직급) 확대, 여성 인력양성 및 경력단절여성 고용 등 여성인력활용을 위한 노력과 성과 ● 고졸자, 무기계약직, 별도직군 등에 대한 불합리한 차별 해소, 적절한 처우개선 등을 위한 노력과 성과
안전 및 환경	안전한 근로환경 및 환경의 지속가능성	● 안전 및 환경을 위해 온실가스 감축 및 에너지 절약 실적, 녹색제품 구매실적 등의 항목에 대해 가중치 범위 내에서 기관이 설정
	재난·사고로부터 안전한 근로·생활환경의 유지	● 산업재해 안전관리, 재난관리체계 구축 및 운영의 적절성 등 근로자와 국민의 안전과 건강을 위한 노력과 성과(재난·산업재해로부터 근로자 보호와 피해예방을 위한 전담조직의 구성, 관계자에 대한 교육 실시 등) ● 개인정보 보호 및 정보보안 관리체계 구축·운영 등을 위한 노력과 성과(개인정보 보호관리 수준, 정보보호 피해건수, 공공기관 정보보안 관리실태평가 결과 등) ● 기관의 업무 특성에 적합한 환경보전의 개념을 정의하고, 이를 위한 예방적 접근과 훼손 방지를 위한 노력과 성과
상생·협력 및 지역발전	지역경제 활성화와 중소기업·사회적경제 기업과의 협력·상생	● 상생과 협력을 위해 중소기업생산품, 기술개발생산품, 사회적기업·협동조합생산품, 전통시장 온누리 상품권, 여성기업생산품, 장애인생산품, 국가유공자자활용사촌생산품, 재정조기집행 등의 항목에 대해 가중치 범위 내에서 기관이 설정
	지역사회 및 지역경제 활성화와 중소기업·	● 지역사회 참여, 지역경제 활성화를 위한 프로그램의 개발 및 실행을 위한 노력과 성과(지자체 및 지역기업과의 협력사업 발굴, 중소기업에

평가지표	지표정의	세부평가내용
	소상공인 등과의 협력·상생	어린이집 개방 등 지역사회를 위한 시설 이용)·편의제공 노력과 지원, 지역생산품 우선 구매, 평창동계올림픽 등 지역 및 국제행사 참여 ● 협력·위탁업체 적기 자금결제 등 공정한 경제질서 확립을 위한 기관의 노력과 성과(선지급율 확대, 상생결제시스템·하도급지킴이 활용, 직불 조건부 발주, 표준계약서 활용, 주계약자 공동 도급 여부 등) ● 중소기업·소상공인에 대한 경쟁력 강화를 위한 기술 지원(성과공유제 활성화, 물품·용역·발주·공사 참여 확대, 판로지원, 핵심기술보호, 공동 연구개발 확대 노력, 산업부의 '동반성장 평가 결과' 등) ● 사회적경제 기업(사회적기업, 협동조합, 마을기업, 자활기업 등)에 대한 지원과 구매확대 등 기관의 노력과 성과
윤리경영	경영활동을 수행함에 있어 경제적·법적 책임은 물론 사회적 통념으로 기대되는 윤리적 책임을 준수	● 기관의 윤리경영체계의 구축·운영 및 윤리경영 위반방지를 위한 노력과 성과(윤리경영 관련 전담조직과 윤리헌장·윤리강령·행동강령·임원 직무청렴계약 규정 등의 지침 마련·운영 여부, 비윤리적 행위 신고, 교육 실적 등) ● 사업추진, 조직·인사관리 등 기관 운영 전반에 투명성 제고 및 윤리경영 실현을 위한 노력과 성과(기관의 중요 기록물 분류체계 마련 등 관리체계 구축 및 운영) ● 윤리경영 지원을 위한 내부견제시스템 운영성과의 적정성을 확보하기 위한 노력과 성과(자율준수체계, 윤리·준법 상담, 내부감사 결과 및 사후관리 드 내부견제활동 실적 및 성과) ● 인권교육, 인권침해 구제절차 등 인권존중을 위한 기관의 노력과 활동(고충처리제도 운영 등 근로자 및 대내외 이해관계자 인권보호)

자료: 기획재정부(2018: 17-21)을 정리.

행정안전부·지방공기업평가원(2018a)은 「2018년 지방공기업 경영평가편람」을 통해 2018년 지방공기업의 경영평가 기본방향 중의 하나로 '효율성 위주 평가에서 자율·협력·사회통합 중심의 평가체계로 개편'을 제시했다. 즉 일자리 확대(10점) 외에 공기업의 지역사회 공헌 및 사회적 책임 강화를 평가하는 사회적 책임 지표(25점)를 신설해 지방공기업의 사회적 가치 구현을 유도한다는 것이다. 사회적 책임에는 고객주민참여, 윤리경영, 노사상생, 재난·안전, 지역공헌활동, 사회적약자배려, 친환경경영 등이 포함된다. 또한 이를 뒷받침하기 위해 일자리 확대와 사회적 책임 지표의 배점(35점)을 사업활동·성과 및 경영효율성과 지표의 배점(35점)과 균형을 맞추기로 했다.

〈표 2〉 지방공기업 경영평가의 사회적 가치 평가지표별 지표정의와 세부 평가내용

평가지표		지표정의	세부평가내용
일자리 확대	일자리 창출	공기업의 신규 일자리 창출	● 청년 의무고용비율 달성도 ● 일·가정 양립을 위한 노력 ● 일자리 창출을 위한 노력
	일자리 질 개선	비정규직의 정규직 전환	● 비정규직의 정규직 전환을 위한 노력 ● 정규직 정원(일반정규직+무기계약직) 대비 비정규직(기간제) 비율 ● 전환대상 기간제 근로자 수 대비 실제 정규직 전환인원 비율 ● 기간제 근로자 정규직 전환 대상 결정 절차의 적정성
사회적 책임	고객 및 주민 참여	고객 및 지역주민의 의견을 경영에 반영시켜 고객서비스의 질을 높이고, 사업의 지속적인 발전을 위한 홍보대책	● 고객만족 경영체계의 구축 및 개선노력(고객만족도 조사결과의 분석 및 개선방안 수립 실적, 고객만족도 제고를 위한 장·단기 전략계획 수립의 적정성, 고객만족 교육 실적) ● 고객 및 주민 의견의 적극적 수렴 및 반영 노력(다양한 통로를 통한 고객·주민의견 수렴 노력과 성과, 고객·주민의견의 경영계획 반영 여부, 고객·주민에 대한 정보제공 및 홍보노력)
	윤리 경영	공기업의 선량하고 모범적인 관리자로서 각종 불공정 행위나 부정, 부패 행위를 근절하고 공기업의 사회적 책임을 다하고 있는지 여부	● 윤리경영시스템 구축 및 개선노력(청렴도 향상을 위한 계획수립 및 실천 노력, 클린센터·옴부즈만·내부고발제도 등 내부관리시스템 운영 및 성과, 성범죄 방지조치 노력) ● 부패방지와 청렴유지를 위한 노력과 성과(부패근절 교육 등 비리·부패행위 예방노력 및 성과, 도덕적 해이나 관리소홀 등으로 언론 및 지역사회 여론 등에 물의를 야기한 바는 없는지 여부) ● 공정사회 구현을 위한 노력과 성과(불공정 거래 개선 등 공정거래 환경 조성 노력과 성과, 고객 피해구제 방법 강화 등 고객 권익증진 노력과 성과, 공정한 제도 도입 등 균등한 기회와 공정한 경쟁 조성 노력과 성과)
	재난·안전 관리	시설물 운영 중 발생할 수 있는 불의의 사고에 대비하여 이를 예방하거나 사고발생시를 가정하여 피해를 최소화할 수 있는 대책의 수립 및 그 실효성	● 재난·안전 관리시스템(재난·안전관리계획 수립의 적정성, 분야별 사전예방 활동의 실효성 및 재난·안전 관련예산 확보 노력) ● 재난·안전 관리역량(재난·안전관리 전담인력의 지정 및 전문성 수준, 재해·재난 및 안전사고에 대한 대응력 수준) ● 재난·안전 관리활동(안전사고 사전예방 활동의 적정성, 안전사고 발생현황 및 사후처리 활동의 적정성, 재난·안전관련 관리수준, 이용객에 대한 안전관련 홍보)
	지역 사회 공헌 활동	공기업으로서 사회적 역할을 충실히 수행하기 위하여 추진한 지역 내 다양한 공익적 활동과 기여도	● 사회적 약자 및 친서민 정책 추진 노력(사회적 약자를 위한 프로그램 진행 실적 및 사후평가, 국민기초생활수급자·장애인·국가유공자 등에 대한 조례·규칙상 감면실적, 주민불편 해소를 위한 조례·규칙개정 실적, 기존 제도개선 및 친서민 정책 사항 발굴 노력

자료: 행정안전부·지방공기업평가원(2018a: 120-123)을 정리.

기획재정부는 2019년 들어 2월 말까지 공공기관 경영평가 점수에 반영하기로 하였다. 혁신과 소통 범주에서 혁신 노력 및 성과와 함께 국민소통을 평가지표로 갖고 있다. 여기에 '고객만족도, 사회적 가치 기여도 조사결과에 나타난 고객만족도, 사회적 가치 기여도의 수준을 평가한다.'라고 지표 정의를 해두고 있다.

행정안전부는 2019년 3월 '2020년 지방공기업 경영평가지표 개선(안)'을 통해 향후 '일자리 창출' 지표와 '일자리 질 개선' 지표를 '일자리 창출 및 일·가정 양립을 위한 노력' 지표로 통합하기로 했고, '고객 및 주민참여' 지표와 '노사상생' 지표는 '소통 및 참여' 지표로 통합하기로 했다. 또한 '윤리경영' 지표의 가중치를 약간 낮추고, '재난·안전관리' 지표의 가중치를 높였으며, '인권경영' 지표를 신설하였다. 그리고 '지역사회 공헌활동' 지표, '사회적 약자 배려' 지표, '친환경 경영(정량부분)' 지표는 '지역상생발전' 지표로 통합하였다. <표 3>은 지방공기업에 대한 2019년 평가지표와 2020년 평가지표 개선(안)의 주요 내용을 정리한 것이다.

〈표 3〉 지방공기업 사회적 가치 평가지표의 변화

분야와 지표	2019년 평가지표	2020년 평가지표 개선(안)
일자리 확대(중분류)	일자리 창출 일자리 질 개선	일자리 창출 및 일·가정 양립을 위한 노력
일자리 창출 및 일·가정 양립을 위한 노력	● 일자리 창출을 위한 노력 - 일·가정 양립 노력	● 일자리 창출을 위한 노력과 성과 ● 일·가정 양립 노력과 성과 - 근로기준법(근로시간 단축) 준수(추가) ● 파견용역 근로자 정규직 전환 추진실적(추가)
사회적 책임(중분류)	고객 및 주민참여 노사상생	소통 및 참여
	지역사회 공헌활동 사회적 약자 배려 친환경 경영	지역상생발전
소통 및 참여	● 고객·주민의 경영 참여 및 만족도 제고를 위한 경영체제의 구축·운영 ● 상생과 협력의 공공 노사관계 구축	● 고객 및 주민의 경영참여 등 의견의 적극 수렴과 공기업 경영에 적극적으로 반영 ● 상생과 협력의 공공 노사관계 구축 및 유지

분야와 지표	2019년 평가지표	2020년 평가지표 개선(안)
	● 단체협약 내용의 합리성과 단체교섭 및 노사협의회 운영의 적절성 및 단체협약 개선을 위한 노력 또는 성과의 적절성	노력의 적절성 ● 단체협약 내용의 합리성과 단체교섭 및 노사협의회 운영의 적절성 및 단체협약 개선을 위한 노력 또는 성과의 적절성 - 과도한 복리후생 정상화 노력(추가)
인권경영	● 인권경영 체계 구축의 노력과 성과 ● 인권경영의 실행·공개 노력과 성과 및 구제절차 제도화의 타당성	● 인권경영 체계 구축의 노력과 성과 ● 인권경영의 실행·공개 노력과 성과 및 구제절차 제도화의 타당성 ● 공정사회 구현을 위한 노력과 성과의 적절성
지역상생발전	● 지역사회·경제 공헌 - 지역경제 활성화를 위한 노력 및 성과 - 골목상권 전용화폐 구매 노력 및 실적 - 기관 보유 시설 등의 지역 내 개방 노력 및 실적 ● 지역상생 고용 및 구매 실적	● 지역사회·경제 공헌 - 지역사랑 상품권 구매, 지역농산물 구매 등 지역경제 활성화 노력 및 성과 - 생활 SOC 등 지역숙원사업 해결 노력 및 성과 - 기관 보유 시설 등의 지역 내 개방 노력 및 실적 - 사회적 지원 네트워크 운영 노력과 성과 ● 지역상생 고용 및 구매 실적 - 경쟁적 대화방식을 활용한 계약실적(추가)*

자료: 행정안전부(2019)를 정리.

* 발주기관의 요구에 맞춰 기업들이 각각의 방식으로 사업을 제안하고, 최적의 업체를 가려 일종의 공모전 형태로 이행되며, 시장에 존재하지 않는 혁신제품이나 서비스의 구매를 위한 계약실적을 말함.

2020년 평가지표 개선(안)은 확실히 사회적 가치 영역을 일정 부분 확대하였고, 추진 노력의 성과에 대한 초점이 늘었다고 할 수 있다. 그럼에도 사회적 가치에 대한 공감대와 합의가 형성되었는지에 대해서는 여전히 검토가 필요하다. 공공기관이나 지방공기업에 대한 평가 기준이 좀 더 분명해진 것은 사실이지만, 그것이 사회적 가치의 내용과 구현에 얼마나 부합되는지를 보여주는 데는 일정한 한계가 있다. 기존의 사회적 가치법(안)이나 기본법(안)이 예시하고 있는 사회적 가치의 내용 중에서 가장 중요한 것은 어쩌면 마지막에 기타로 제시하고 있는 '그밖에 공동체의 이익 실현과 공공성 강화'일 수 있다. 공공부문의 관행상 그것이 평가와 연결될 때 제시되는 구체적인 항목들은 대상기관의 행동을 일정한 틀로 고착화하는 경향이 있으나 중요한 것은 해당 기관의 고유한 업무영역과 연계하여 기존의 성과 외에 추가적인 가치를 어떻게 달성했는가 하는 것이다.

<표 4>는 2018년 지방공기업 경영평가 결과 사회적 가치 실현의 우수사례로 요약된 내용을 정리한 것이다. 사회적 가치와 관련된 구체적인 지표가 여러 분야에 걸쳐 있기 때문에 감사 업무에서부터 여성관리자 확대, 시니어 일자리 창출, 참여형 도시재생 사업에 이르기까지 다양한 내용이 소개되고 있다. 우수사례에서도 사회적 가치와의 분명한 연계가 있는 내용인지를 좀 더 들여다보게 되고, 우수사례의 내용이 유사한 경우도 많은 것을 생각해보면, 사회적 가치에 대한 이해와 구현 과정에 대한 인식이 좀 더 필요함을 알 수 있다. 특히 이렇게 제시된 사회적 가치 실현 우수사례가 본래의 업무를 잘 수행했을 뿐인 것을 '사회적 가치'라는 범주로 묶는 데 그친 건 아닌지, 기존의 사회공헌활동을 '사회적 가치'와 동일시 한 것은 아닌지 다시 들여다볼 필요가 있다.

〈표 4〉 2018년 지방공기업 사회적 가치 실현 우수사례

기관명	분야	내용
부천도시공사	사회적 가치 실현	● 감사원 주관 자체 감사활동 심사평가에서 A등급 획득 ● 자체 감사기구간 파트너십을 통한 교차 감사활동 수행
인천서구 시설관리공단	경영환경 변화 및 사회적 가치 실현 추진을 위한 능동적 조직체계 구축 및 성과	● 안전감사실, 열린혁신파트 신설 ● 기능분석을 통한 지원부서 재조정 및 매트릭스 조직운영으로 조직유연성 확충 ● 양성평등 제고를 위한 노력 강화 ● 적극적인 신규사업 유치, 연차휴가 및 초과근무 축소 등으로 일자리 창출 ● 청소년수련시설 최우수 등급, 적십자회원유공장, 장애인 고용 우수사업주 선정
	윤리경영 구축을 위한 노력	● 상시감찰반 운영, 협력기관 간 교차점검 ● 반부패 경영시스템(ISO 37001) 인증 ● 모든 수의계약 내역 공개 및 전자입찰 확대를 통해 투명·공정거래 제고
	고객·주민의견을 반영하기 위한 적극적인 노력	● 고객만족경영 인증(ISO10002) 갱신 ● 주민참여 강화를 위한 행복디자인단 기능확대 ● VOC를 유형별, 분야별로 세분화하여 체계적으로 분석, 관리

기관명	분야	내용
	경영성과 및 경영효율성 제고	● 사업수입, 사업수지비율, 1인당 시설관리실적 증가
	효율적·전문적·지속적인 안전사고예방 노력	● 시설점검반을 구성하여 시설물의 안전 및 유지관리에 관한 특별법 대상 시설문 전체에 대한 안전점검 실시, 안전사고의 유형별 분석으로 재발방지를 위한 관리체계 강화 ● 시설 및 재난 안전활동을 통해 다양한 관련 인증을 획득 및 유지
	지역사회 및 주민의 복리증진을 위한 다양한 노력 및 성과	● 아동친화도시 인증, 각종 표창 ● 우수사례를 발굴하고 타 공단의 우수사례를 적극 벤치마킹
강동구 도시관리공단	사회적 가치 확산 노력	● 장애인, 시니어, 유아 등 사회적 약자 프로그램 운영 ● 저출산 문제해결을 위한 공동육아 프로젝트 기획 및 육아 전문 도서관 개관 ● 사회적 약자 등 다양한 지역사회 계층과의 공동협력 체계 구축 및 강화 ● 여성 관리자 확대 ● 시니어 전문가 양성을 통해 일자리 기회 제공 ● 온실가스 배출량 지속 감소
부산환경공단	사회적 가치 실현	● 중장기 일자리 창출 로드맵 수립과 초과근무수당 및 연차수당 절감을 통한 일자리 나누기 추진 ● 자발적 재능기부를 통한 도시재생 지원사업 추진 ● 시민참여 및 사회적 약자 지원을 위한 시민햇빛발전소 운영 ● 온실가스 감축 목표 초과 달성 ● 하수찌꺼기 건조에 민간 폐자원에너지 이용 ● 시민참여 자원순환협력센터 운영

자료: 행정안전부·지방공기업평가원(2018b)의 내용을 정리

3. 도대체 사회적 가치란 무엇인가?

도현명(2019)은 '사회적 가치와 관련한 오해와 진실'이라며 세 가지를 제시하였다. 첫째, 사회적 가치가 선한 의도만으로 이뤄질 수 없다는 것이다. 사회적 가치는 사회문제 해결을 통해 긍정적인 변화를 이끌어냈다는 것을 의미한다. 존재하는 사회문제를 실제로 해결하는 것을 목표로 삼는다는 것이기에, 어떤 기관이 명확한 문제 정의도 없이 어떤 사회공헌활동을 반드시 사회적 가치 창출 활동이라고 주장할 수는 없다.

둘째, 사회적 가치가 공익적 가치와 동일하지는 않다는 것이다. 가치의 종류를 일반효용가치와 사회적 가치로 구분하고, 이 가치가 사적으로 귀속되는지 공적으로 귀속되는지 여부로 구분하여 설명해보면 이를 효과적으로 이해할 수 있다고 한다. 사회문제의 해결과 상관없이 가치가 증진되는 일반적 효용가치가 있을 수 있고, 공공가치와는 성격이 다른 사회적 가치가 있을 수 있다는 것이다. 이 구분에서 일반적 효용가치와 사회적 가치의 구분이 명확한지, 취약계층이 누리는 가치를 사적으로 귀속되는 가치라고 할 수 있는지, 그렇다면 예술품을 감상하는 사람들이 누리는 가치도 사적 귀속으로 분류해야 하는 것은 아닌지 하는 문제는 있지만, 일정한 함의는 주고 있다.

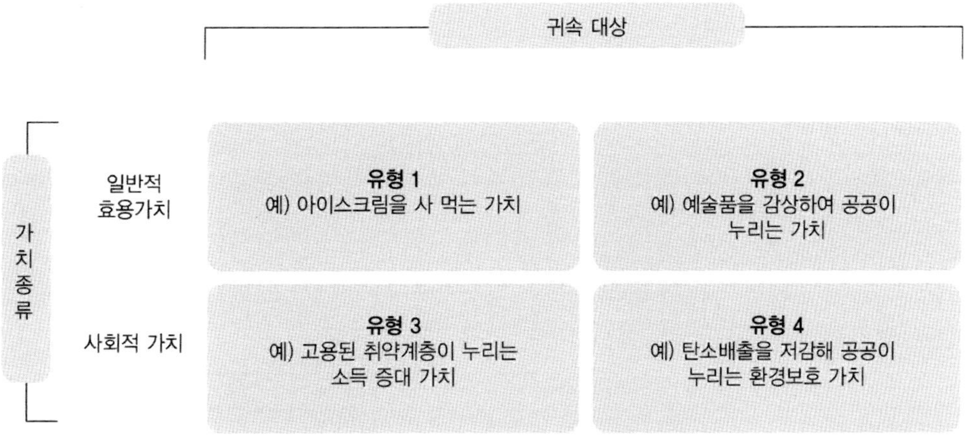

자료: 도현명(2019)

〈그림 1〉 가치의 종류와 귀속 대상의 구분

셋째, 건강한 조직이 반드시 사회적 가치를 창출하는 것은 아니라는 것이다. 조직을 진단할 수 있는 다양한 항목이나 지표가 있을 것이지만, 다른 항목이나 지표가 우월하다고 해서 그 조직이 사회적 가치를 창출하고 있다는 것과는 별개의 문제다. 이 지점에서 사회적 가치를 이해하고 평가하고자 하는 의미가 드러난다.

사회적 가치를 다차원적으로 이해할 필요가 있다고 강조한 박명규(2018)는 사회적 가치가 포괄적인 문제의식을 담고 있으나 이론적으로는 명료하지 않다고 지적한다. 이에 따라 유엔 지속가능발전목표(SDGs: Sustainable Development Goals), 영국의 공공서비스법(2012년), 유럽연합 차원의 '사회의 질' 선언, 한국의 국회에서 논의되고 있는 사회적가치기본법(안)의 내용 등을 바탕으로 귀납적인 방법으로 사회적 가치의 핵심 내용을 도출하고자 했다.

그 결과 사회적 가치의 핵심 내용은 <표 5>와 같이 다차원적으로 구성된다고 한다. 즉 사회적 가치는 위험과 재난으로부터 개인의 삶을 보호하는 것, 인간 자체의 고유한 개성·능력·품성·존엄의 실현, 공동체의 중시, 상생과 지속가능성 등을 핵심 내용으로 삼는다. 이러한 사회적 가치는 사회적경제, 공공구매와 공공서비스, 사회적 책임 과 사회공헌활동, 문화와 제도 또는 생활양식의 혁신 등의 영역에서 실현된다. 그렇기 때문에 사회적기업과 협동조합, 중앙정부와 지방정부, 기업, 노조, 공익재단, 학교, 종교, 시민단체 등이 핵심적인 역할을 담당한다. 그리고 기존의 가치구조를 재구성하고, 협력, 혁신, 책임을 제도화하는 실천 전략을 추진하는 것이다. 그런데 이러한 구분도 사회적 가치의 구성을 이해하는 데는 도움을 주고 있으나 사회적 가치의 의미를 종합적으로 제시하는 데는 한계가 있다.

〈표 5〉 사회적 가치의 다차원적 구성

구분	내용
핵심 요소	안전과 일자리
	혁신과 역능성
	공동체와 공공성
	상생과 지속가능성
실행 영역	사회적경제
	공공구매와 공공서비스
	사회책임과 사회공헌
	사회혁신과 시민적 역능성
수행 주체	사회적기업과 협동조합
	중앙정부와 지방정부
	기업, 노조, 공익재단
	학교, 종교, 시민단체

구분	내용
실천 전략	가치구조의 재구성
	협력의 제도화
	혁신의 제도화
	책임의 제도화

자료: 박명규(2018: 51)를 요약.

이재열(2018)은 같은 맥락에서 <그림 2>와 같이 사회적가치기본법(안)의 항목들을 사회적 가치의 요소별로 분류했다. 사회경제적 안전이란 삶의 기본토대가 되는 조건이다. 사회적 응집성이란 사회적 결속과 연대감이다. 사회적 포용성이란 다양한 제도나 사회적 관계에 대한 접근 가능성이다. 역능성(empowerment)이란 개인의 역량이나 능력을 발휘할 수 있는 사회구조의 짜임새를 말한다. 이런 구분 역시 사회적 가치의 의미보다는 사회수준의 전반적인 발전 방향을 제시했다는 의의를 갖고 있다.

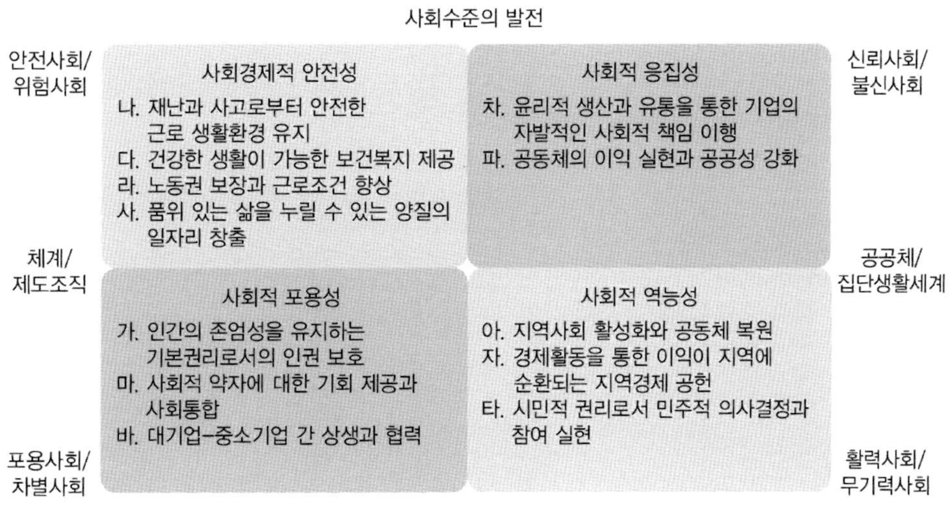

자료: 이재열(2018: 384).

〈그림 2〉 사회적 가치의 요소별로 분류한 사회적가치기본법의 항목들

그럼에도 이 구분은 사회적 가치란 가족이나 공동체와 같은 비공식적 생활세계와 행정이나 경제와 같은 공식적 체계에서의 상호작용이 일어나며, 그 속에서 개인과 사회의 발전이 이뤄지는 과정에서 구체화 되는 것임을 보여주고 있다. 즉 사회적 가치는 몇 가지 예시로 한정될 수 없는 끊임없는 캐물음이다. 시대적 위기를 넘어서려는 절실한 요구로서 과제를 설정하고 미래 지향적인 대안을 모색하는 것이 사회적 가치를 묻는 일인 것이다(박명규, 2018: 15). 몇 가지 예시가 있으나 그 예시와 유사한 사례를 만드는 것이 사회적 가치를 실현하는 일이 아니다. 사회적 가치란 어떻게 하면 위험사회보다는 안전사회, 불신사회보다는 신뢰사회, 차별사회보다는 포용사회, 무기력사회보다는 활력사회를 만들 것인가를 지향하는 것이며, 그것을 추구하는 노력 속에서 실현되는 것이다.

전자가 주로 경제적 가치를 지향하면서 생기는 문제를 보여주는 것이라면, 후자는 주로 그에 상반되는 사회적 가치를 보여주는 것이자 특정 계층이나 영역에 한정되는 것이 아니라 사회 전체의 가치를 일컫는 것이라 할 수 있다. 그러므로 사회를 하나의 단위, 즉 공동체로서의 사회라고 했을 때의 가치를 사회 전반의 가치(societal values)라고 할 수 있으며, 사회적 가치(social values)란 다양한 가치 중 경제적 가치와 상반되는 것으로서 사회적으로 의미 있는 가치라고 할 수 있다. 이것이 궁극적으로 공적으로 귀속되는 공공가치(public values)와 일치한다면, 이를 공동체 가치(public common values)라고 할 수 있다(<그림 3> 참조).[2)]

이는 아리스토텔레스가 「정치학」 에서 언급한 '정치적 동물(zoon politikon)'과 맞닿아 있다. 여기에서 정치란 도시국가 폴리스에 속해 있는 인간으로서 지향해야 할 가치와 노력을 말한다. 공동체의 일원으로서 '가장 바람직한 삶', 즉 행복이 무엇인지를 끊임없이 캐물어야 한다는 것이다. 끊임없이 캐묻는 윤리적 덕성(arete)은 공동체의 가치를 지향하며 실현해 가는 사회적 가치가 축적되는 과정에서 확보될 수 있을 것이다.

---

2) 〈그림 1〉의 구분에 따르면, 유형 3을 넘어 유형 4를 확보해 가는 과정이라 할 수 있다.

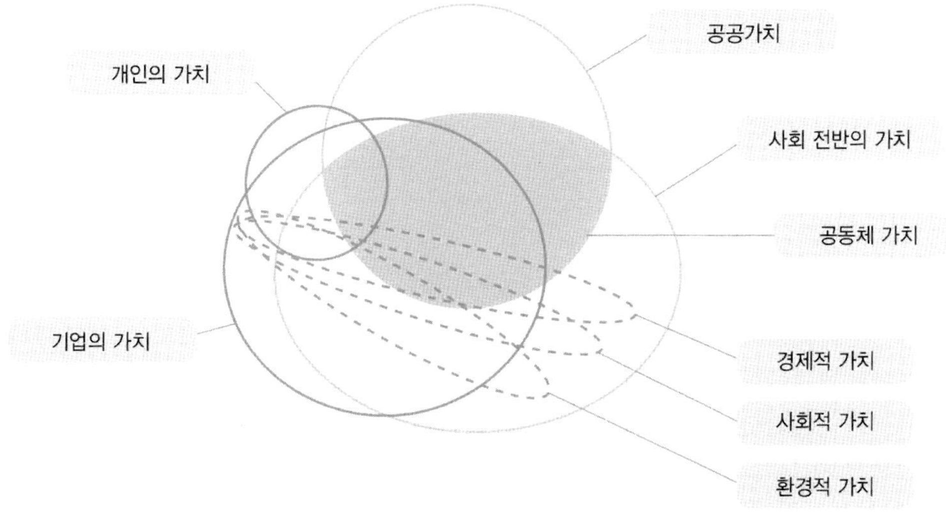

〈그림 3〉 가치의 구분

이처럼 사회적 가치가 어떤 하나의 영역과 하나의 주체에만 해당되는 가치로서가 아니라 사회 전반의 가치이며 공동체 가치를 지향하는 것이라면, 각 영역에서 일정한 주체에 초점을 맞춘 노력들이 축적되고 포괄될 수 있는 것이어야 한다. 그러자면 각 영역에서 일정한 주체의 노력이 축적되는 것이 필요하겠지만, 궁극적으로 이런 노력이 하나의 영역만이 아니라 포괄적인 범위에서의 사회적 영향(social impacts)을 고려하는 것이어야 하고, 일부 수혜자만이 아니라 전 사회적인 변화를 지향하는 것이어야 할 것이다. 그래서 사회혁신(social innovation)의 주창자들은 사회 전반의 실험과 영향, 참여와 현장을 강조하여 '리빙랩(living lab)'이라는 개념을 도입하기도 했다.

영국의 사회적가치법(Social Value Act, 2012)은 "어떤 지역의 경제적, 사회적, 환경적 후생을 증진시키는 것(Mark Upton, 2012. 8. 20, Local Government Information Unit, Policy Briefing, What is social values?)"을 사회적 가치라고 규정한다. 또한 '서울특별시 사회적 가치 증대를 위한 공공조달에 관한 조례'에서는 이 분야의 사회적 가치를 "좋은 일자리 확대, 취약계층 고용기회 증진, 협력업체와의 상생협력 및 공정거래, 지역경제 기여, 지역공동체 발전, 사회적 공헌 등과 같이 공공의 이익을 중시하는 가치"라고 정의한다. 사회적기업이나 공공조달 영역의 가치가 전 사회적인 영향을 지향하는 것이다.

권인석(2018)은 사회적 가치란 기업의 사회적 책임과 함께 부각되었으며, 경영학적 마인드에서 구체화 되었다고 주장한다. 기부, 자선, 봉사의 사회적 책임은 기업의 목표인 이윤추구와 상치될 수 있으므로 기업의 목표인 이윤 추구와 동시에 사회의 가치를 창출함으로써 상생 목표를 추구한다는 의미로 공유가치라고 표현한다.

장용석 외(2018)는 지속가능발전의 시대에서는 사회문제의 영역(locus)과 대상(target)의 변화에 따라 새로운 시각에서 사회문제를 해결하는 것이 필요하다고 주장한다. 그리고 새로운 사회문제 해결의 새로운 주체로서 사회적기업의 역할과 사례를 제시한다. 새로운 사회문제에는 소득 및 주거 불안, 노동 불안정, 교육 불평등과 같은 경제 영역의 경제적 불평등, 삶의 질 저하, 사회구조 변화, 사회통합 저해, 안전 위협과 같은 사회 영역의 사회적 위험, 환경오염, 자원고갈, 자연재해와 같은 환경 영역의 환경파괴 등이 포함된다.

상생 목표나 사회문제 해결이라는 지향점은 사회적 가치의 궁극적인 목표나 기여점을 상정하는 것이라 할 수 있다. 2005년부터 논의되어 2010년 11월 1일 ISO 26000으로 발표된 국제적인 사회적 책임 표준을 보면, 문제 영역과 주체의 확장을 이해할 수 있다. 여기에서는 '지속가능발전에 대한 조직의 기여 극대화'를 제시하고 있다. 애초에는 기업의 사회적 책임(CSR: Corporate Social Responsibility)으로 논의되었다가 기업 외에도 정부나 NGO 등 모든 조직에 똑같이 적용되어야 한다는 의미에서 'C'를 뺀 SR이 된 것이다. 그래서 ISO26000(SR)이라고 한다(<그림 4> 참조).

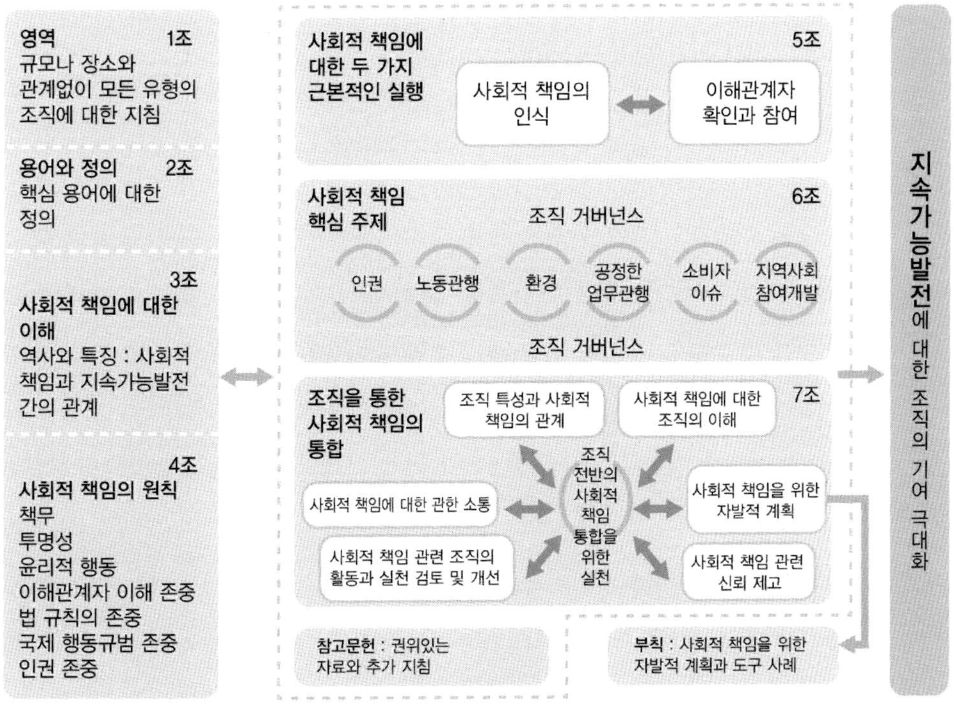

자료: https://www.iso.org/publication/PUB100260.html

〈그림 4〉 ISO 26000의 구조

ISO 26000은 어떻게 하면 기업과 조직이 사회적으로 책임을 다하는 방식으로 운영될 수 있을지에 대한 지침을 제공하는 것이다. 사회적 책임을 충실히 이행한다면 지속가능발전에 기여하는 것으로 설정하고 있으니 궁극적으로 지속가능발전의 가치를 담고 있다고 할 수 있을 것이다. ISO 26000 표준은 이처럼 기업과 조직이 노동자나 구성원, 자연환경과 지역사회에 대한 영향을 향상시키려는 사회적 책임을 이행함으로써 지속가능발전을 이루는 데 기여하겠다는 것이다.

사회적 책임의 핵심적인 주제는 인권, 노동 관행, 환경, 공정한 업무 관행, 소비자 이슈, 지역사회 참여개발 등이 제시되고 있고, 책무, 투명성, 윤리적 행동, 이해관계자 이해 존중, 법 규칙의 존중, 국제 행동 규범 존중, 인권 존중 등의 사회적 책임의 원칙도 제시되고 있다.

4. 사회적 가치를 어떻게 측정할 것인가?

영국의 사회적 가치 네트워크에서는 사회적 가치를 "삶에서 경험하는 변화에 대해 사람들이 부여하는 상대적인 중요성의 계량화(www.socialvalueuk.org)"라고 정의하고 있다. 이 네트워크는 특히 "어떤 조직의 일에 의해 영향을 받는 사람들의 관점에서 이러한 사회적 가치를 고려하고 측정하는 것이 중요"하다고 제시한다. 위에서 살펴본 바와 같이 사회적 가치의 창출에는 참여가 필요한 이유이기도 하다. 물론 이 가치의 모두가 시장 가격으로 포착될 수 있는 것은 아니다. 우리가 경험하는 가치가 자신에게 중요하더라도 모두 재무적인 가치와 동일한 방식으로 표현되거나 측정될 수는 없기 때문이다. 그래서 더욱 더 참여가 필요하고 소통이 요구된다.3)

이 네트워크에서는 사회적 가치가 우리 주변 세계를 이해하고 어디에 자원을 투자해야 할지 결정을 내리는 방식을 변화시키는 데 도움을 줄 수 있는 잠재력이 크다고 말한다. 우리가 가치를 설명하는 방식을 변화시킴으로써 결국 더 많은 평등이나 더 지속가능한 환경을 이루게 될 것이라고 한다. 이를 위해 다음과 같은 7가지 사회적 가치의 원칙을 제시한다. 이는 일반적으로 받아들여지는 사회적 회계의 원칙이라고 할 수 있고, 책무와 사회적 가치의 극대화를 위해 중요하다고 한다. 사회적 가치의 원칙은 사회투자지침(Social Investment Taskforce Guidelines for Good Impact Practice)과 같은 원칙, 사회적 회계와 감사, 지속가능성 보고, 비용편익분석, 재무회계, 평가 실무 등에서 도출된 것이라고 한다. 또한 결과와 그 결과의 측정이나 가치는 맥락, 행동, 관련 이해당사자들에 따라 다를 것이다. 어떤 가치를 어떻게 평가할 것인가의 문제 역시 주요하게는 참여와 소통의 문제임을 알 수 있다.

첫째, 이해당사자를 포함시키라는 것이다. 이해당사자를 포함시켜 사회적 가치

---

3) 많은 경우 공공부문에서 다양한 종류의 시민참여위원회를 운영하고 있지만, 경영평가보고서에서는 운영횟수만 보고될 뿐 어떤 내용이 논의되고 정책에 반영되었는지는 기록되지 않는 것이 현실이다. 이는 이들 위원회가 형식적으로 운영되었거나 위원회 구성이나 운영의 설계가 잘못되었을 가능성이 높기 때문이라고 할 수 있다.

계정에 무엇이 측정되고 어떻게 측정되며 가치가 부여될 것인지를 알리는 것이다.

둘째, 무엇이 변화될지를 이해하라는 것이다. 의도하든 의도하지 않든 긍정적이고 부정적인 변화를 인식하면서 증거를 수집함으로써 어떻게 변화가 만들어지고 평가될지를 분명히 하라는 것이다.

셋째, 중요한 것에 가치를 부여하라는 것이다. 이해당사자들의 가치를 인식하기 위해 각기 다른 선택지 사이에서 자원을 할당할 결정을 내릴 필요가 있다. 가치는 각기 다른 결과의 상대적인 중요성을 말하는 것으로, 이해당사자들의 선호에 의해 형성될 수 있다.

넷째, 실체적인 것만 포함시키라는 것이다. 이해당사자들이 영향에 대해 합리적인 결론을 도출할 수 있도록 진실되고 공정한 상을 부여하려면 어떤 정보와 증거를 포함시켜야 할 것인지를 결정하는 것이다.

다섯째, 과도하게 주장하지 말라는 것이다. 행동이 가치와 연결되는 것만을 주장하라는 것이다.

여섯째, 투명성을 보장하라는 것이다. 정확하고 정직하게 분석이 검토될 수 있음을 제시하고, 이해당사자들에게 보고될 수 있고 논의될 수 있음을 보여야 한다는 것이다.

일곱째, 결과를 입증하라는 것이다. 이는 적정하고 독립적으로 확인될 수 있어야 한다는 것이다.

2019년 4월 3일 한국토지주택공사(LH)는 <그림 5>와 같이 사회적 가치를 계량화하고 사회성과 측정기준과 지표를 마련하여 발표한 바 있다. 사회적 가치 실현을 위한 조직 활동의 결과물을 고려하면 이것을 사회성과라 할 수 있다. LH는 주거복지사업 등 주요사업에 투입된 비용 가운데 사회성과 창출에 투입된 비용(input)과 이에 따라 파생된 사회적 편익(outcome)을 측정하여 둘 간의 상호 연관성을 분석한 것이다.

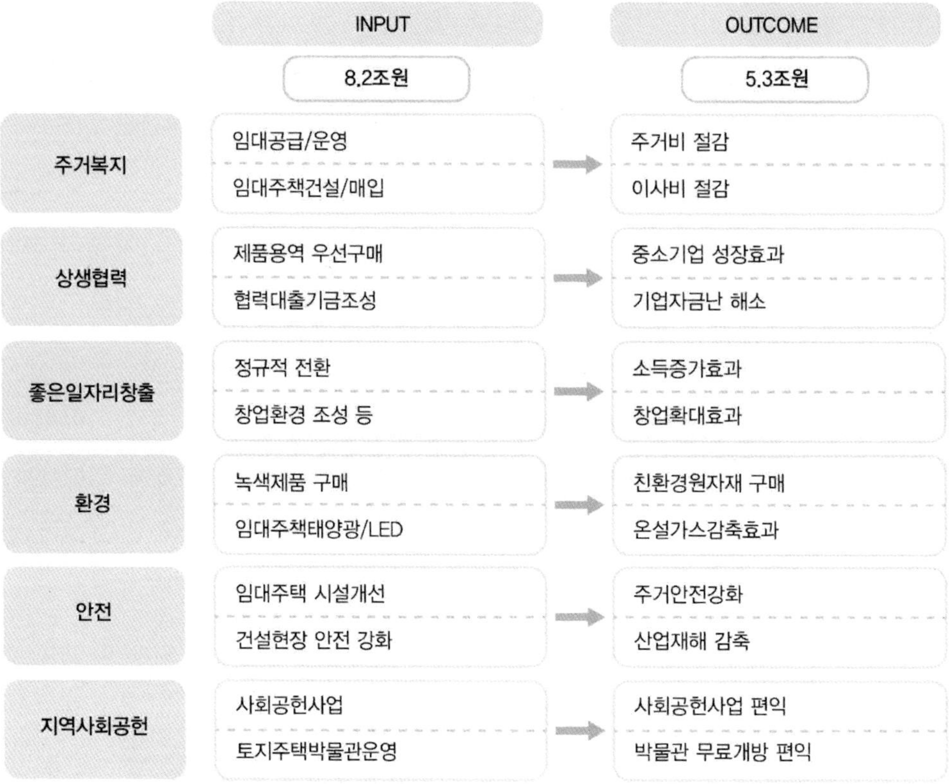

자료: 한국토지주택공사 보도자료(2019. 4. 3).

〈그림 5〉 한국주택공사의 사회적 가치 계량화

그렇기 때문에 이러한 상호 연관성은 <그림 6>과 같은 논리모형에 근거하고 있다. 조직 활동에 따른 사회성과는 직접적인 성과(output), 수혜자에게 일어난 변화(outcome), 사회적으로 일어난 변화(impact)로 심화시킬 수 있다. 궁극적인 사회적 가치의 창출은 이러한 변화로 나타나게 될 것이다.

사회성과 유형	정의	측정지표의 예
투입(input)	기업활동에 사회적 가치 창출을 위한 투입물	장애인 근로자에게 지급한 임금
과정(process)	기업의 활동과정에서 발생한 성과	장애인 고용 및 노동 과정에서의 인권 존중
산출(output)	기업 생산활동의 결과물과 관련한 직접 성과	장애인 고용인원 수
결과(outcome)	기업과 관련된 사회적 수혜자의 개인적 삶에 일어난 변화	고용된 장애인에게 일어난 삶의 질의 변화
영향(impact)	기업활동의 결과 사회적으로 일어난 변화	장애인 고용의 사회적 확산

자료: 라준영(2018: 284).

〈그림 6〉 논리모형과 사회성과의 측정

이를 고려할 때, 사회적 가치의 창출과 측정은 어떤 활동의 영향에 대한 질문에 답하는 것이다(Social Value UK, 2017). 영향을 고려한다는 것은 어떤 전략, 상품, 개선책을 선택할지를 정하는 것으로서 이전보다 더 많은 영향을 창출하기 위한 선택 전에 물어야 할 질문이라는 것이다. 이 과정은 크게 계획(Plan), 수행(Do), 평가(Review), 수정(Review) 등 네 단계를 거치는데, 영향 평가 계획과 운영 계획, 서비스 전달과 데이터 수집, 분석, 선택지 검토와 수정 등의 과정을 거친다(<그림 7> 참조).

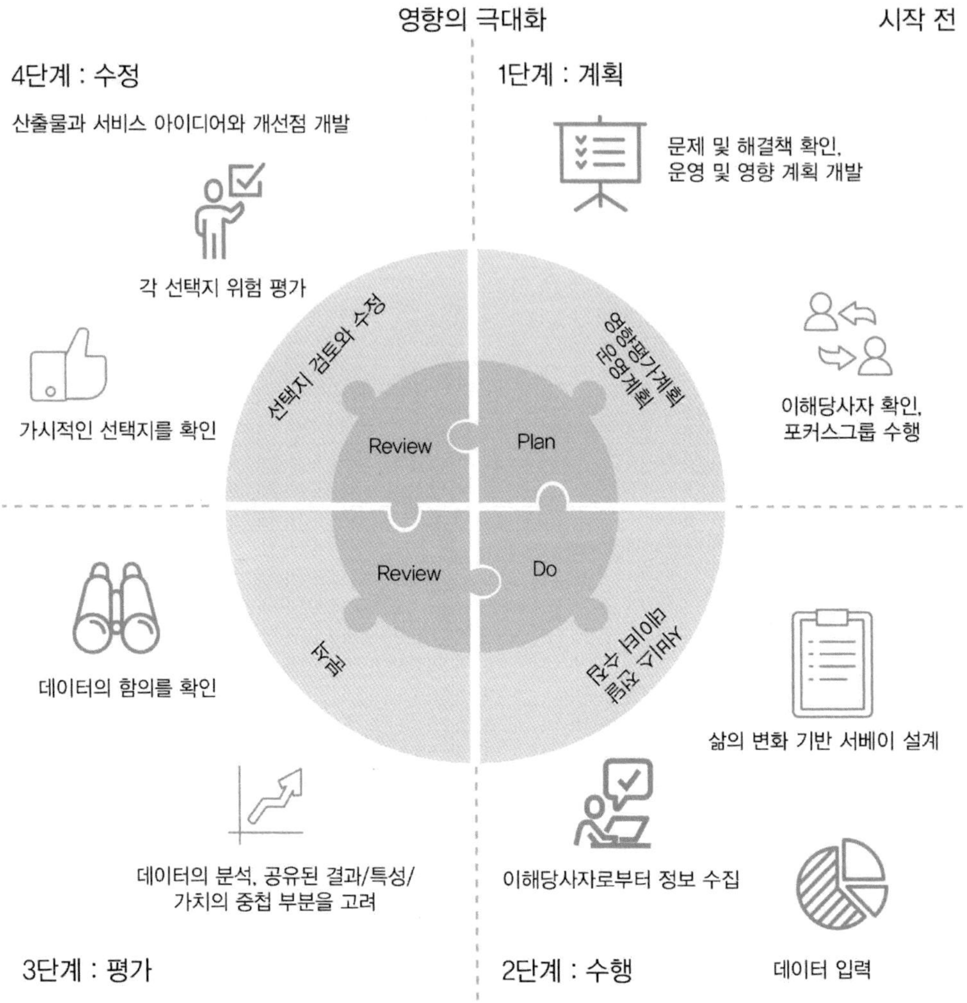

자료: Social Value UK(2017: 18).

〈그림 7〉 영향 극대화를 위한 영향 계획의 수행 과정

각 단계에 해당하는 질문은 <표 6>과 같다. 이런 질문에 대한 점검을 통해 확인된 영향 또는 창출된 결과물이 바로 사회적 가치라고 할 수 있다. 이들 질문에서도 해결하려는 문제, 변화의 주체와 대상, 변화의 상대적 중요성 등이 내외 구성원들의 참여와 소통이 필요함을 알 수 있다. 그러므로 내부적으로는 구성원들 간의 목표 공유가 중요하고, 외부적으로는 직접적인 이해당사자는 물론, 잠재적인 이해당사자들의 참여도 중요하다.

〈표 6〉 영향 극대화를 위한 10가지 질문과 해당 과정

영향 극대화 질문	계획	수행	평가	수정
1. 우리가 해결하려는 문제가 무엇인가?	√		√	√
2. 그 문제에 대한 우리의 해결책은 무엇인가?	√		√	√
3. 문제를 해결하면 누가 삶의 변화를 경험하는가?	√		√	√
4. 어떤 변화를 경험하(게되)는가?	√		√	√
5. 이 변화를 어떻게 측정할 수 있는가?	√		√	√
6. 얼마나 많은 변화가 일어났는가(날 것 같은가)?		√	√	√
7. 우리의 활동으로 얼마나 많은 변화가 일어났는가?		√	√	√
8. 변화를 측정하는 데 얼마나 오래 걸리는가?		√	√	√
9. 서로 다른 변화의 상대적인 중요성은 무엇인가?		√	√	√
10. 우리가 관리하기에 어떤 변화가 문제고 중요한가?	√	√	√	√

자료: Social Value UK(2017: 20).

이밖에 Mulgan(2010)은 <표 7>과 같이 사회적 가치의 방법과 예시, 그리고 문제점을 정리했다.

〈표 7〉 사회적 가치의 측정 방법과 예시

방법	설명	예시	문제점
비용편익분석/비용효과성 분석	가장 광범위한 도구로서 보통 다른 방법들 중 몇 가지를 활용하여 비용과 편익을 계산하고 할인율에 적용하는 것으로, 대규모 공공 프로그램에 자주 사용	최근 영국의 연구 결과는 감옥 대신 약물 관리, 감시, 행태적 개입을 혼합하면, 범죄자 1인당 13만 달러의 세금을 절약할 수 있다고 함(희생자를 포함하면 절약분은 30만 달러에 이름)	분석 결과뿐만 아니라 계산에서의 실제 숫자와 가중치에 대한 합의가 어려움
잠재 선호	어떤 서비스나 결과에 지불하고 싶어 하는지 사람들에게 물음	전형적인 사례로는 멸종위기종을 보존이나 공원 건설에 지불하고 싶어 하는지를 물어보는 것임	잠재 선호는 종종 실제 행태와 상관관계가 없음
현시 선호	상이한 선택지의 상대적 가치를 추론할 만한 선택을 한 것	연구자들은 사람들이 공원에 얼마나 많은 가치를 두는지를 추론하고자 주택구입 패턴과 부동산 가격을 분석함	활용 가능한 데이터가 충분한 분야가 적음
사회영향평가/사회투자수익률평가	어떤 행동의 직접적인 비용, 그 행동이 작동할 가능성, 미래 결과에서의 변화를 때로는 할인율과 함께 추정함	Acumen Fund의 최적자선옵션율(Best Available Charitable Option Ratio) 방법론, Jed Emerson의 혼합가치방법론, 다양한 박애영향평가센터(Center for High Impact Philanthropy) 방법들을 비롯하여 수많은 도구가 존재함	숫자와 가중치, 결론에 대한 불일치, 시간과 할인율 문제, 계산에 대한 의도된 청중

방법	설명	예시	문제점
공공가치평가	대중이 어떤 서비스에 얼마나 가치를 두는지를 판단	BBC가 자신의 공공가치를 평가	충분히 엄격하지 않음
부가가치평가	교육적으로 한 학교가 학생들의 질적 수준에 얼마나 기여했는지를 평가	최근 성공적인 학교는 실제로 우수한 학생을 끌어들이는 데 능함을 보여줌	때때로 학부모나 미디어가 이해하는 데 너무 복잡함
질보정생존연수/ 장애보정생존연수평가	보건정책과 연구에서 환자의 객관적인 건강과 주관적인 경험을 설명	광범위하게 활용하는 척도가 있고, 임상치료와 공중보건 척도의 상대적인 효과성을 판단할 공통적인 방법을 제공함	특정 처방이 비용효과적이지 않으면 논쟁거리가 될 수 있음
생활만족도 평가	사람들이 생활만족에 상응하는 이득을 얻기 위해 필요로 할 추가 소득에 의해 사회 프로젝트와 프로그램을 판단	웨일즈에서의 인상적인 연구는 약 3% 정도의 많지 않은 집수리 비용이 들어간 주택 안전에 대한 투자로 생활만족도를 4배나 높였음을 보여줌	입증되지 않은 새로운 접근방법; 투입 추정에 매우 민감
정부회계척도	정부에서 정부 지출과 그 효과를 설명	프랑스의 사회적 회계(bilan sociÉtal)는 기업이 사회에 얼마나 영향을 미치는지를 보여주는 100개의 지표를 갖고 있음. 유사하게 이탈리아에는 사회예산(bilancio sociale)이 있음	지역마다 가변성이 크고 어떤 지표를 포함해야 할지 불일치가 있음
기타 특정 분야 평가	모든 분야는 고유의 분석 방법을 갖고 있음	영재단(Young Foundation)의 최근 연구는 인공신경망, 특성감안가격모형(hedonic price models), 퍼지논리(fuzzy logic), 자기회귀적분이동평균방법(autoregressive integrated moving averages methods), 트리플 바텀라인(Triple Bottome Line) 자산평가를 비롯해 건조환경에서 약 30개의 가치 척도를 확인함	이들 척도의 다양성은 공적인 의사결정에 거의 활용되지 않음을 의미함

자료: Mulgan(2010: 41).

5. 사회적 가치를 조직의 목표체계에 반영할 수 있을까?

성공하는 조직이 조직이 되려면, 구성원들이 조직의 목표를 공유하고, 그 목표를 달성하기 위한 조직구조를 구축하고, 구성원들이 열정과 역량을 쏟아야 하며, 조직 목표를 평가하고 관리하기 위한 수단을 확보해야 한다(Magretta, 2002). 공공부문의 조직이 사회적 가치를 지향한다면, 우선 해당 조직이나 기관의 핵심 업무영역에 부합하는 사회적 가치를 발굴, 도출, 실현하는 것이 가장 중요하다.

이를 위해 기관의 모든 부서가 자기 부서의 업무와 관련하여 사회적 가치를 접목시키고자 노력하도록 유도한다면, 훨씬 광범위하게 확산될 수 있다.

각 조직이나 기관이 사회적 가치를 도출할 수 있는 유용한 도구가 2015년 9월 유엔 회원국 193개국이 2016-2030년을 목표연도로 하는 17개의 지속가능발전목표(Sustainable Development Goals)를 채택한 바 있다. 회원국 만장일치로 채택한 것이니 실로 인류 보편의 가치라 할 만하다. 앞서 ISO 26000 역시 궁극적인 목표를 지속가능발전으로 설정한 것을 확인했다. 한국에서도 환경부와 지속가능발전위원회가 주도하여 23개 중앙부처와 제반 관련 이해당사자들(MGoS: Major Groups & other Stakeholders)이 참여한 가운데 국가지속가능발전목표(K-SDGs)를 수립하여 2018년 12월 24일 국무회의에서 심의, 의결하였다.

자료: https://sustainabledevelopment.un.org/sdgs

〈그림 8〉 유엔 지속가능발전목표(SDGs)

MGoS란 유엔이 SDGs를 수립할 때 참여한 이해당사자 그룹들을 일컫는 것으로, 1992년 리우데자네이루에서 개최된 유엔환경개발회의 때의 의제21(Agenda 21)이 명시했던 여성, 아동과 청소년, 원주민, NGO, 지방정부, 노동자와 노동조합, 기업체와 산업체, 과학기술 분야, 농민 등 9개 주요 그룹 이외에 추가된 이해당사자 그룹을 말한다. 2012년 유엔지속가능발전회의(리우+20회의)에서는 노인, 지역공동체, 이주민 그룹이 인정되었고, 2013년 유엔총회에서는 민간자선단체와 재단, 교육 및 학술단체, 장애인, 자원봉사단체 그룹이 인정되었다. 참여와 소통을 통해 사회적 가치를 창출해 나가고자 한다면, 이런 그룹들과 연계하는 활동과 목표를 설정해 볼 수 있을 것이다.

한국환경공단은 2019년 지속가능경영보고서를 발간하면서 공단 각 부서의 핵심 업무가 SDGs의 각 목표와 어떻게 연계되어 있는지를 보여준 바 있다. 대한무역투자진흥공사(KOTRA)는 <표 8>과 같이 SDGs를 중심으로 글로벌 CSR사업을 이행하고 있다고 밝혔다.

〈표 8〉 SDGs와 연계된 KOTRA 주요 활동사항

SDGs 목표	KOTRA CSR 사업 사례
1. 모든 국가에서 모든 형태의 빈곤 종식	난민 구호 물품 전달
3. 모든 사람의 건강한 삶 보장 및 웰빙 증진	노약자, 아동, 부녀자 대상 의료활동, 병원 물품 기부 의료기기/임플란트 기술학교 운영 자동심장충격기(AED) 전달
4. 모두를 위한 포용적, 형평성 있는 양질의 교육 보장 및 평생교육 기회 증진	다문화무역인 육성 사업을 통한 취/창업 지원 창업기술학교 운영
7. 모두에게 지속가능한 에너지 보장	태양광발전 설비 기부 신재생에너지 기술학교
8. 포괄적·지속가능한 경제성장, 생산적 완전고용과 양질의 일자리 증진	베트남 수공예 히든챔피언 CSV 사업 인도네시아 OVOP 사업
9. 건실한 인프라 구축, 포용적이고 지속가능한 산업화 진흥 및 혁신	시험인증·제품생산·공공 서비스 분야의 운영 경험과 유휴장비 무상이전
11. 포용적·안전한·회복력 있는·지속가능한 도시와 거주지 조성	철도기술학교 개최
17. 이행수단과 글로벌 파트너십 강화	산업·무역·투자 KSP MYANTRADE 연수 사업 베트남 통상연계 경제협력 사업

자료: KOTRA(2019: 9)를 요약.

영국에서 유엔 SDGs에 관한 행동을 촉진하기 위해 결성된 '영국지속가능발전이해당사자네트워크(UKSSD: The UK Stakeholders for Sustainable Development)'는 2012년 영국의 공공서비스법(Public Services Act), 즉 사회적가치법(Social Value Act)의 영향을 확대하고자 SDGs와 연계가 필요하다고 주장했다. 이 법은 공공조직들이 공공서비스 계약과 경제적 사회적 환경적 복지를 연계하도록 했으며, 공공구매를 통해 더 많은 예산가치(VfM: Value for Money)를 얻어냈다고 한다. UKSSD는 사회적가치법의 영역과 영향력을 확대하기 위해서는 그 여정에서 방향과 진척의 틀을 잡는 데 SDGs를 강력한 도구로 활용해야 함을 역설했다. 사회적 가치의 의제와 SDGs의 의제는 다음과 같은 공통점이 있다는 것이다.4)

첫째, 우리 사회가 자원을 효과적으로 배분하고 가치를 창출할 수 있는 근본적인 메커니즘에 경제, 사회, 환경, 복지를 통합적으로 고려한다는 공동의 최종단계를 갖고 있다는 것이다.

둘째, 지속가능성을 위한 새로운 기회를 열고 좀 더 많은 인센티브를 창출하기 위해서는 부문과 협력을 촉진한다는 것이다. 이는 SDGs 17번 목표에 명시되어 있다.

셋째, 사회적 가치 헌장을 만들고 사회적 영향을 미치려는 조직이나 공동체와 함께 가치 사슬과 공동체에 초점을 맞춰 이해당사자들을 참여시킨다는 것이다. 이는 SDGs 11번 목표의 정신이기도 하다.

넷째, 필요 또는 상대적인 SDG 성과에 기반하여 지역사회 일에 참여하는 데 우선순위를 두고 있다는 것이다.

다섯째, 가치의 경제적, 사회적, 환경적, 복지적 차원의 상호의존성, 그리고 이를 총체적 접근방법으로 다뤄야 한다는 분명한 해결책을 인식하고 있다는 것이다.

여섯째, 사회와 지방과 세계의 필요에 기반하여 목표를 설정하는 방향으로 조직이 의사결정을 내리는 방식을 근본적으로 변화시킬 것을 요구한다는 것이다.

일곱째, 의사결정의 핵심에 사회적 관심을 두는 새로운 비즈니스 모델이 부상하여 기업의 미래 성공을 지속가능발전과 연계시킨다는 것이다.

여덟째, 참여를 분명히 하고 진척 정도를 측정하기 위한 공유되고 투명한 틀을 필요로 한다는 것이다. 이는 SDGs 12.6번 세부목표의 정신이기도 한데, 지속가

---

4) https://www.ukssd.co.uk/blog/the-uk-social-value-agenda-can-kick-start-progress-towards-the-sdgs

능한 기업 활동을 채택하고 지속가능성 정보를 주기적으로 보고한다는 것이다.

사회적 가치는 이처럼 조직과 구성원의 목표 설정, 목표에 대한 공유, 그리고 목표 달성 과정과 밀접히 연결된다. 조직의 목표를 구성원이 공유한다는 것은 조직론의 가장 근간이 되는 원리라 할 수 있는데, 조직의 의미 있는 목표를 공유하고 설정하는 것이 사회적 가치 실현의 출발점이 될 것이다.

참고문헌

기획재정부. (2018). 「2018년도 공공기관 경영평가편람」.

도현명. (2019). 마포대교 자살 방지 캠페인 흐지부지: 사회적 가치 제대로 측정 못한 까닭. 「DBR」, 270.

라준영. (2018). 기업활동의 사회적 가치 측정: 화폐가치 환산을 중심으로. 박명규·이재열 편, 「사회적 가치와 사회혁신: 지속가능한 상생공동체를 위하여」, 281-311. 파주: 한울아카데미.

박명규. (2018). 사회적 가치의 다차원적 구조. 박명규·이재열 편, 「사회적 가치와 사회혁신: 지속가능한 상생공동체를 위하여」, 14-52. 파주: 한울아카데미.

이재열. (2018). 시대적 전환과 사회적 가치. 박명규·이재열 편, 「사회적 가치와 사회혁신: 지속가능한 상생공동체를 위하여」, 358-405. 파주: 한울아카데미.

장용석 외. (2018). 「사회적 가치의 재구성: 대한민국 사회문제 지도로 사회적 기업의 미래를 그리다」. 문우사.

행정안전부. (2019). 「2020년 경영평가편람 좌우대비표」.

행정안전부·지방공기업평가원. (2018a). 「2018년도 지방공기업 경영평가편람」.

행정안전부·지방공기업평가원. (2018b). 「2018년도 지방공기업 경영평가 종합보고서」.

뉴스토마토. (2018. 2. 19). 사회적 가치가 공공기관 경영평가 좌우한다. http://www.newstomato.com/ReadNews.aspx?no=806977

이데일리. (2019. 1. 17). 최태원 2년 전에도 말했다던 '사회적경제 기본법', 4년째 국회

계류.

KOTRA(Korea Trade-Investment Promotion Agency). (2019). 「2018 KOTRA 글로벌 CSR 성과보고서」.

Magretta, J. (2002). Why Business Models Matter. *Harvard Business Review*, 80: 3-8.

Mulgan, Geoff. (2010). Measuring Social Value. *Stanford Social Innovation Review*, summer.

Social Value UK. (2017). *Maximise Your Impact: A Guide for Social Entrepreneurs*.

Social Value International (https://socialvaluint.org)

Social Value United Kingdom(http://www.socialvalueuk.org)

Social Value United States(https://socialvaluesus.net)

CHAPTER **02**

공공기관 경영전략과 사회적 가치 실현 연계방안

배성기

| 사회적가치연구소 |

공공기관 경영전략과 사회적 가치 실현 연계방안

배성기(사회적가치연구소)

1. 정부혁신정책과 공공기관 사회적 가치 혁신 정책

1.1 정부혁신정책

이번정부의 혁신정책은 정부 초에 발표한 국정운영 5개년 계획에 “국민의 나라 정의로운 대한민국”(5대 국정목표-20대 국정전략-100대 국정과제-487개 실천과제)이라는 국가비전을 중심으로 2018년 3월에 발표된 「정부혁신 종합 추진계획」을 기반으로 하여 정부혁신을 추진하고 있다.

기존 정부가 국가혁신의 기제를 “창조경제”를 사용했다면 이번 정부는 “사회적 가치”라는 국가혁신기제를 통해 정부 및 모든 공공기관의 일하는 방식의 변화를 유인하고 있다.

1.2 공공기관 사회적 가치 창출 정책

정부와 공공기관의 운영원리를 사회적 가치로 규정하고 조직, 업무, 공공서비스, 산업혁신을 추진하고 있다. 이를 구현시키기 위해 현 정부는 공공기관에게 공공성강화를 통한 사회적 가치 창출과 더불어, 민간기업의 공유가치 창출을 유인함과 동시에 지역사회 공동체 활성화 및 지역경제 활성화를 위한 역할론 까지도 감당해 주기를 기대하고 있다.

이런 국가혁신의 맥락을 다양한 정책으로 공공기관의 적극적인 참여를 유인하고 있으며, 공공기관의 사회적 가치 창출을 위한 대표적인 정책으로 「국정계획 5개년 계획」 「정부혁신 종합 추진계획」 「공공기관 혁신 가이드라인」 「공공기관 경영평가」 등이 있다. 이를 살펴보면 다음과 같다.

1.2.1 국정운영 5개년 계획

문재인정부는 국민주권의 헌법 정신을 국정운영 기반으로 삼아 새로운 정부로 혁신을 추진하고 있으며, 이를 실현 시키기 위해 국민의 뜻을 국정에 반영하고, 국민 모두의 정부를 추구하면서 정의롭고 공정한 제도설계와 운영을 통해 "국민의 나라 정의로운 대한민국"으로의 변화를 추진하고 있다. 평등한 기회, 공정한 과정, 정의로운 결과는 문재인대통령의 국정철학에서 가장 우선하는 원칙이며 새로운 정부의 핵심 가치이다.

국가 비전	국민의 나라 정의로운 대한민국				
5대 국정목표	국민이 주인인 정부	더불어 잘사는 경제	내 삶을 책임지는 국가	고르게 발전하는 지역	평화와 번영의 한반도
20대 국정전략	1. 국민주권의 촛불 민주주의 실현 2. 소통으로 통합하는 광화문 대통령 3. 투명하고 유능한 정부 4. 권력기관의 민주적 개혁	1. 소득주도 성장을 위한 일자리 경제 2. 활력이 넘치는 공정경제 3. 서민과 중산층을 위한 민생경제 4. 과학기술 발전이 선도하는 4차 산업혁명 5. 중소벤처가 주도하는 창업과 혁신성장	1. 모두가 누리는 포용적 복지국가 2. 국가가 책임지는 보육과 교육 3. 국민 안전과 생명을 지키는 안심사회 4. 노동존중 · 성평등을 포함한 차별 없는 공정사회 5. 자유와 창의가 넘치는 문화국가	1. 풀뿌리 민주주의를 실현하는 자치분권 2. 골고루 잘사는 균형발전 3. 사람이 돌아오는 농산어촌	1. 강한 안보와 책임국방 2. 남북 간 화해협력과 한반도 비핵화 3. 국제협력을 주도하는 당당한 외교
100대 국정과제 (487개 실천과제)	15개 과제 (71개 실천과제)	26개 과제 (129개 실천과제)	32개 과제 (163개 실천과제)	11개 과제 (53개 실천과제)	16개 과제 (71개 실천과제)

그림 1 국가비전 - 5대 국정목표 - 20대 국정전략

1.2.2 정부혁신 종합 추진계획

현 정부는 "국민이 주인인 정부"를 실현시키기 위해 "공공성 회복"이라는 목표를 설정 모든 공공기관의 혁신을 추진하고 있다. 이를 위해선 모든 정부 및 공공기관은 재정, 평가, 조직, 인사 운영을 사회적 가치가 작동되는 형태로의 변화를 유인하고 있고, 국민 공감정책, 정보공개 및 공유 열린정부, 협력정부를 위한 참여와 협력, 공정사회, 4대 행정혁신을 통한 신뢰받는 정부로의 혁신계획을 발표하고 추진하고 있다.

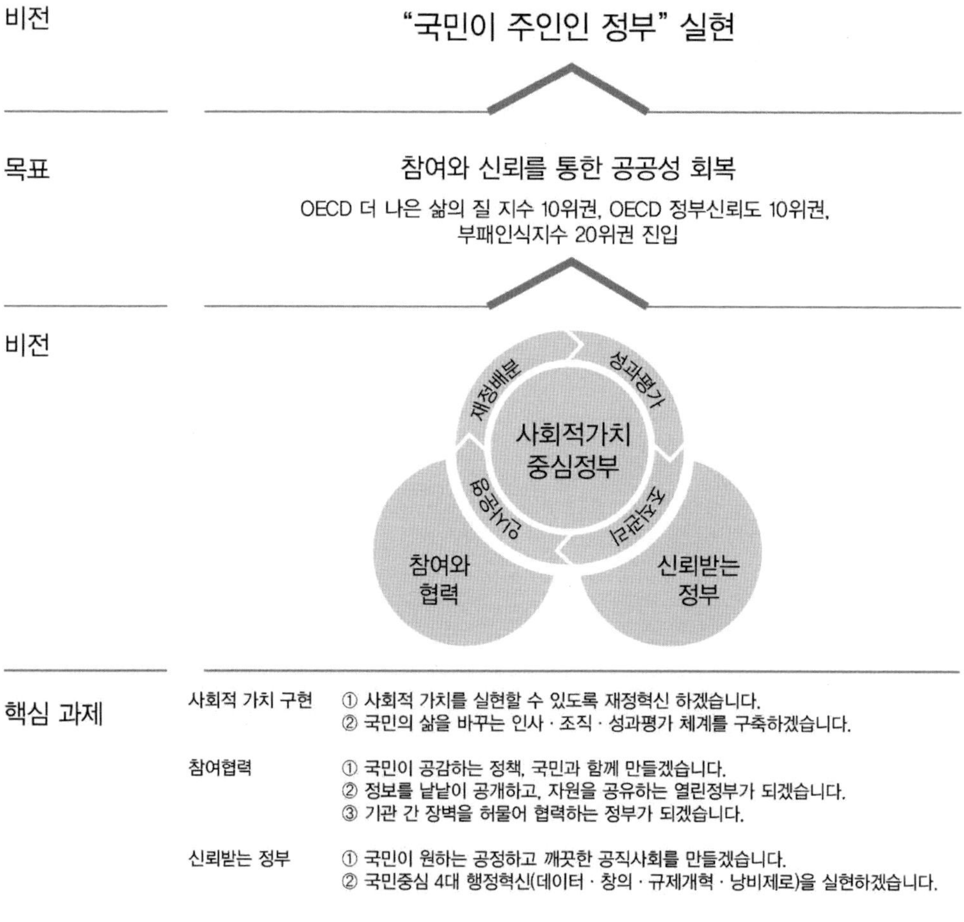

그림 2 정부혁신 비전 체계도

모든 정부 및 공공기관의 “사회적 가치”구현을 위해 사회적 가치개념과 실행 가능한 사회적 가치유형을 정의하고, 공공기관 직원들을 대상으로 의미를 소개함으로써 정부혁신의 중요한 기준이 조직 안에 내재화 되어 실현되도록 하고 있다. 또한 이를 좀 더 강력하게 실현시키기 위해 내·외부 진단을 통해 세부추진과제를 지속적으로 도출하고 실행방안을 마련하고 있다.

최근 공공기관의 사회적 가치실행방안을 연구한 양동수(2019.4)[1]는 정부혁신계획에 명시되어 있는 사회적 가치 13가 유형을 7개 범주로 통합하여 제안하였고, 이에 대한 실행방법을 내·외부 혁신방법으로 구분해보았다.

표 1 사회적 가치 유형 및 주요 의미와 추진 방법

<table>
<tr><th colspan="2">사회적 가치 유형</th><th rowspan="2">주요 의미</th><th colspan="2">추진방법</th></tr>
<tr><th>13가지 유형</th><th>7대범주</th><th>내부
혁신</th><th>외부
혁신</th></tr>
<tr><td>1.인권 보호</td><td rowspan="2">1.인권</td><td rowspan="2">· 사회약자 보호 (취약계층 보호)
· 양성평등 실현 · 아동노동금지
· 취약계층 고용증진 (장애인 고용 및 장기실업자 고용)
· 다양성존중과 기회균등 보장 · 차별금지
· 강제노동금지 · 원주민 권리보장
· 인권실사이행 (인권영향평가이행) · 개인정보보호
· 경제 ·사회 ·문화 권리보장
· 시민권 및 정치적 권리 보장</td><td>○</td><td>○</td></tr>
<tr><td>2.사회통합</td><td>○</td><td>○</td></tr>
<tr><td>3.안전
근로·생활</td><td rowspan="4">2.일</td><td rowspan="4">· 근무환경에서 안전보건 보장 · 양질의 근로조건 보장
· 인적 개발과 훈련기회 제공(학습)
· 비정규직 동일임금 및 근로조건 개선
· 결사 및 단체교섭권 보장</td><td>○</td><td>○</td></tr>
<tr><td>4.보건복지</td><td>○</td><td>○</td></tr>
<tr><td>5.근로조건</td><td>○</td><td>○</td></tr>
<tr><td>6.양질 일자리</td><td>○</td><td>○</td></tr>
<tr><td>7.환경 지속보전</td><td>3.환경</td><td>· 기후변화관리 · 지속가능한 소비 보장
· 지속가능한 에너지 접근보장 · 폐수 및 폐기물 관리
· 육상 생태계 보호·복원, 생물 다양성 방지
· 대기오염물질관리 · 자원이용 최소화
· 대양 ·바다 ·해양 자원보호 (물자원 보호)</td><td>△</td><td>○</td></tr>
<tr><td>8.대·중소기업
상생·협력</td><td>4.운영</td><td>· 대 ·중소기업의 상생과 협력 강화
· 지속가능 조달 (윤리적 생산유통)
· 반부패 관행 확립 (윤리경영)</td><td>△</td><td>○</td></tr>
</table>

---

1) 사회혁신기업 더함 대표 사회적 가치의 재발견, 성장의 시대에서 성숙의 시대로 포럼에서 양동수(2019.4.15.)공공기관의 사회적 가치란 무엇인가? 발표자료에서 발췌

사회적 가치 유형		주요 의미	추진방법	
13가지 유형	7대범주		내부 혁신	외부 혁신
		· 공급망내에서 CSR 촉진 · 공정한 경쟁관행 준수		
9.기업 사회책임	5.서비스	· 소비자 (시민) 보건안전 강화 · 고객 (시민)만족 강화 · 필수 서비스에 대한 접근보장 · 공공서비스 정확한 정보제공	○	○
10.공동체 복원	6.지역 사회	· 건강한 생활이 가능한 보건복지 제공 · 양질의 일자리 창출 · 지역경제 활성화 (지역순환경제) · 지역사회 활성화 및 공동체 복원	△	○
11.지역 순환경제		· 지속가능한 도시 개발 · 시민교육 및 인식제고 활동강화 · 조직의 임직원 사회공헌활동 촉진 · 전문지식·기능·기술 개발 및 지역사회 적용 사회투자 촉진	○	○
12.민주적 결정	7.거버넌스	· 민주적 의사결정과 국민참여(고충처리 시스템 마련) · 글로벌 파트너십 · 조직의 의사결정과 활동에 대한 설명책임 · 투명성 강화 시스템 구축	○	△
13.공익실현 공공성 강화		· 지속가능성과 다양성 정책에 대한 정보공개 · 건전한 지배구조 확립 · 사법 접근성 확보 , 포용적 제도 구축 · 시민 인식과 사회책임경영 촉진활동	○	○

자료 : 정부혁신 종합 추진계획(2018.3) 자료와 사회적 가치의 재발견, 성장의 시대에서 성숙의 시대로 포럼자료집 (2019.4.15) P33 참고하여 재구성

상기 사회적 가치가 정부 및 공공기관 운영 전반에서 작동이 되도록 하기 위해 2018년 3월 정북혁신 종합추진계획과 2019년 2월에 개정해서 발표한 정부혁신 종합 추진계획상에 사회적 가치 구현 과제로 「사회적 가치 실현 재정혁신」 과 「국민의 삶을 바꾸는 인사·조직·성과평가 체계 구축」, 「포용국가 구현을 위한 정부 운영기반 혁신」, 「공공서비스 사각지대 해소 포용적 행정 구현」 과제를 제시하고 있다. 또한 혁신 추진과제가 조금 더 세밀하게 추진되어 국민들의 체감력을 높이는 방향으로 수정되어 있음을 알 수 있다.

표 2 정부혁신 종합 추진계획 주요 내용

	2018.3 정부혁신 종합추진 계획	2019.2 정부혁신 종합추진계획
전략 1. 사회적 가치 중심의 정부	**과제1 사회적 가치 실현 재정혁신** ① 인권, 안전 등 사회적 가치 실현 사업 재정투자 확대(★) ② 재정사업 심사평가에 사회영향평가 요소반영	**과제1 사회적 가치 실현 재정혁신** ① 사회적 가치를 실현하는 재정투자 확대 ② 새로운 가치를 창출·실현하는 공공구매조달 혁신(★)
	과제2 국민의 삶을 바꾸는 인사·조직·성과평가 체계 구축 ③ 공공부문 여성 임용 목표제 10·20·40도입(★) ④ 경찰·소방차 출동시간 단축으로 안전 골든타임 확보 ⑤ 사회적 가치 중심 공공부문 성과평가 전면 개편 ⑥ 승진 및 성과평가에 사회적 가치반영	**과제2 포용국가 구현을 위한 정부 운영기반 혁신** ③ 적극적이고 전문적인 공직사회 구현(★) ④ 유능하고 유연한 문제해결형 조직 운영(★) ⑤ 공공부문 여성임용 목표제10.20.40추진 **과제3 공공서비스 사각지대해소 포용적행정구현** ⑥ 공공서비스 사각지대 해소(★) ⑦ 찾아가는 현장 서비스 확대
전략 2. 참여·협력	**과제3 국민 공감 정책, 국민과 함께 만들기** ⑦ 국민 토론 광장, '광화문 1번가'상설 운영(★) 해커톤 ⑧ 예산·법령 등 핵심정책과정에 국민참여 강화(★) ⑨ 국민의 뜻을 섬세하게 살피는 열린정책 소통체계 구축	**과제4 국민 참여 폭과 깊이를 대폭 확대** ⑧ 예산·조직·법령 등 핵심정책과정에서 국민참여 확대 ⑨ 참여를 통한 사회,지역문제해결기반구축(★)
	과제4 정보를 낱낱이 공개하고, 자원을 공유하는 열린정부 ⑩ 주차장 등 공공자원 개방(★) ⑪ 누구나 알기 쉬운 '국민세금 사용명세서'공개 ⑫ 식품, 안전 등 국민 삶과 밀접한 정보 집중 공개	**과제5 정보와 데이터 등을 국민중심으로 개방** ⑩ 국민 관심정보 알기 쉽고 투명하게 공개(★) ⑪ 국민중심 공공데이터 개방활용 확대(★) ⑫ 공공시설 개방 확대
	과제5 기관 간 장벽을 허물어 협력하는 정부 ⑬ 범 정부 협업 촉진을 위한 인사·조직·평가·시스템 개편(★) ⑭ 칸막이 없는 '정부합동 원스톱 민원센터'구축 ⑮ 성과제고와 정부신뢰를 위한 부처내 부처간 협업강화	**과제6 기관 간 장벽을 허물어 협력하는 정부** ⑬ 범정부 협업 촉진(★) ⑭ 관할,공간을 뛰어넘는 협업모델 확산
전략 3. 신뢰받는정부	**과제6 국민이 원하는 공정하고 깨끗한 공직사회** ⑯ 채용비리·금품수수·부정부패 관용 없이 '원스트라이크 아웃'(★) ⑰ 성희롱·성폭력 걱정 없고, 보복에 대한 두려움 없는 근무환경(★)	**과제7 국민이 원하는 공정하고 깨끗한 사회구현** ⑮ 공직윤리 강화 및 불공정,부조리 척결 ⑯ 성희롱·성폭력 걱정 없고, 보복에 대한 두려움 없는 근무환경
	과제7 국민중심 4대 행정혁신(데이터·창의·규제·낭비제로)실행 ⑱ 데이터 기반 디지털 행정서비스 혁신(★) ⑲ 낡은 관행과 선례를 깨는 창의 행정(★) 해커톤 ⑳ 국민불편·부담 야기 하는 규제혁파 및 행정·민원 제도개선 ㉑ 불필요한 행·재정낭비 제로시대 해커톤	**과제8 국민편의를 높이는 공공서비스 혁신** ⑰ 선제적,예방적 공공서비스 확대(★) ⑱ 디지털 기술 기반 공공서비스 혁신 **과제9 문제해결능력을 갖춘 유능한 정부** ⑲ 데이터 과학에 기반한 정책결정 지원강화(★) ⑳ 정부 일하는 방식 혁신

1.2.3 공공기관 혁신 가이드라인

상기 정부혁신과 연계하여 전국 338개 공공기관의 변화와 혁신을 유인하기 위한 정책으로 공공기관 혁신가이드 라인을 발표하고 공공성강화, 경제패러다임 전환 선도, 국민신뢰 회복이라는 3대 기본방향 7개 추진과제를 제안하면서 전국의 모든 공공기관의 혁신을 유인하고 있다. 전국 모든 공공기관은 「공공기관 혁신 가이드라인」에 기반하여 혁신전략을 수립하여 혁신성과를 만들어 가고 있다. 세부 7가지 추진과제별로 주요 내용을 살펴보면 다음과 같다.

표 3 공공기관 혁신 가이드라인 주요내용

3대 기본방향	7개 추진과제	과제별 혁신 주요내용
공공성 강화	1.공공성 제고	▪ 기관 고유 목적사업의 공공성 강화방안 마련 및 이행 - 설립목적 고려 대국민 서비스 제고, 삶의 질 개선, 국정과제 추진을 위한 중장기 목표 및 전략 수립 ▪ 안전·환경·복지 분야 등 투자 확대, 취약계층 지원강화, 사회적 가치를 고려한 조달 혁신 등 사회적 가치 실현 선도 - 협력업체, 시민단체, 사회적경제 기업 등 민간과의 협업을 통한 사회적 가치 실현 민간부문 확산 노력
	2.서비스·조직혁신	▪ 고유기능 강화, 비핵심 업무·부실업무 효율화 상시·자율 기능조정추진 ▪ 일하는 방식 및 서비스 혁신 통한 생산성 제고 - 업무프로세스 재설계, 형식적 근무관행 폐지, 유연근무제 정착 등
경제패러다임 전환	3.소득주도 성장선도	▪ 공공부문 일자리 창출 및 질 개선 지속 추진 - 신규사업 발굴 및 일자리나누기 등 통해 공공부문 일자리 창출 - 비정규직 정규직 전환 및 처우개선, 근로시간 단축 등 선도 ▪ 민간부문 일자리 창출 및 질 개선 적극 지원 - 공공투자확대 및 구직자-협력업체간 일자리 매칭 지원 - 협력업체 등의 청년고용 등 일자리 창출 및 일자리 질 개선위한 점검 및 협업강화 및 지원확대 등 추진
	4.혁신성장 뒷받침	▪ 혁신성장 선도, 혁신제품 초기 판로지원 - 초연결지능화, 스마트공장, 스마트팜, 핀테크, 에너지신산업, 스마트시티, 드론, 미래자동차 ▪ 신기술, 신공법 적극 채택, 창업·벤처기업 참여 확대 ▪ 기존 납품실적, 인증보유 요구 입찰관련 내부지침 정비 등 혁신성장 저해 규정개선 ▪ 기관보유 정보·기술·인력·자금·시설 등을 창업초기기업 및 벤처기업 등에 개방·공개·제공 등 인프라 공유 활성화
	5.공정경제 구축	▪ 물품구매 시 중소기업, 사회적경제기업 등과의 상생협력 강화 ▪ 자회사, 출자회사 일감몰아주기, 불공정 약관, 일방적 계약 불이행, 단가후려치기 등 불공정 거래관행 갑질 행위 근절 ▪ 지역산업발전 등 지역경제 활성화에 적극 기여, 고용위기지역 배려,지원 강화 ▪ 채용·승진 시 학력·지역·성별 등 차별 시정 사회형평적 인사 실현

3대 기본방향	7개 추진과제	과제별 혁신 주요내용
국민 신뢰회복	6.윤리경영	▪ 채용·입찰비리 등 각종 부패근절 위해 모니터링 확대, 내부규정 강화 ▪ 성희롱, 성폭력 방지위한 예방·대응·감독 강화
	7.국민참여 협력확대	▪ 사업계획 수립·집행 점검 및 서비스 수준 진단·개선 등 기관운영 전반 국민 참여 확대 ▪ 국민편의 증진 위한 보유운영시설(H/W),프로그램(S/W) 주민·국민개방

1.2.4 공공기관 경영평가

정부혁신의 주요 내용을 공공기관이 동참하도록 유인하는 정부기제로 감사와 평가가 있다. 그중 사회적 가치 구현을 적극적으로 유인하는 공공기관 경영평가 지표로 일자리 창출, 균등한 기회와 사회통합, 안전 및 환경, 상생·협력 및 지역발전, 윤리경영 등의 5가지 지표를 제안하고 실행하도록 하고 있다. 그 외에 경영평가 지표도 사회적 가치 전략체계 수립 및 추진, 사회적 가치 구현 업무프로세스 개선, 사회적 가치 구현 리더십 활동, 사회적 가치 구현 인적자원 관리, 사회적 가치 구현 예산운영, 사회적 가치 구현 복리후생, 사회적 가치 구현을 위한 국민 참여·소통, 사회적 가치 구현을 위한 주요사업 추진과 성과관리 등 공공기관 운영원리로 사회적 가치가 작동되도록 공공기관 경영평가기준을 수립하여 운영 중에 있다.

표 4 공공기관 경영평가 주요내용

평가지표	지표정의	세부 평가내용
전략기획	설립목적 부합 비전, 경영목표, 경영전략수립	①기관 설립목적 부합 비전, 핵심가치 설정 노력·성과 ②경영목표설정과 경영전략 수립시 효율성과 사회적 가치의 균형, 핵심업무와의 연계성 , 국정과제 반영여부 등 확인
경영개선	기능조정, 신규사업 경영개선, 효율성제고 노력·성과	①환경변화 고려 기관기능조정 및 신규사업발굴 등 혁신성과노력 ②경평 및 컨설팅 결과 경영개선 계획 수립 및 실행 위한 노력과 성과 ③업무프로세스 혁신(절차간소화) 등을 통한 경영효율화 노력과 성과

평가지표	지표정의	세부 평가내용
리더십	구성원 동기부여 경영계약 이행노력 이사회 운영	① 경영계약상 목표이행 노력·성과 (예) 사회적 책임 반영 및 이행노력 등 ② 핵심가치공유, 업무혁신 등 조직 구성원 동기부여 노력·성과 ③ 이사회 활성화 실질적 역할 강화위한 기관장 노력·성과
사회적 가치구현	(1)일자리창출	①비정규직·간접고용의 정규직 전환, 청년미취업자, 시간선택제 실적평가 ②일자리 창출(민간부문 일자리포함)고용의 질 개선 노력·성과 평가 - 일자리창출과 고용의 질 개선 지속가능성과 절차적 정당성 확보여부 - 정·현원차 관리, 일하는 방식 개선 등 다양한 근로형태 도입 노력·성과 - 비정규직의 정규직 전환 과정에서의 노력과 성과 - 핵심사업 및 조달·위탁시 민간부문 직·간접지원 통한 일자리창출 노력 - 일자리 창출위한 기관 혁신적 노력, 협력과 공유를 통한 성과
	(2)균등기회· 사회통합	①사회적 약자 고용보호 등 사회통합 노력·성과 - 장애인의무고용, 국가유공자 우선채용, 용역근로자보호지침준수 ②사회형평적 인력 활용과 균등한 기회보장을 위한 노력과 성과평가 - 블라인드 채용 등 직무수행능력중심 채용 공정·투명성 제고노력 여부 - 청년·고졸자 및 지역인재 채용을 위한 노력·성과 - 여성관리자 확대, 여성인력양성 및 경단여성 고용 등 노력·성과 - 고졸자, 무기계약직, 별도직군 등에 대한 불합리한 차별해소, 처우개선
	(3)안전 및 환경	①환경보전 및 환경의 지속가능성 위한 노력과 성과평가 - 온실가스 감축 및 에너지 절약, 녹색제품 구매 실적, 기관 환경보전노력 ②재난,사고로부터 안전한 근로생활환경 유지 노력성과 - 재난관리시스템(예방·대응·복구) 구축운영 노력과 성과 - 국민생명·재산 보호위한 노력성과 - 산업재해 등 근로자 피해방지 및 사업장 안전관리 근로환경 개선노력 - 국가기반시설,다중이용시설, 청사 등 시설물관리 안전확보 노력과 성과 - 개인정보 보호 및 정보보안 관리체계 구축·운영 노력성과
	(4)상생협력지 역발전	①지역경제 활성화 중소기업·사회적경제기업 상생·협력 노력성과 - 중소·기술개발·사회적경제·여성·장애인·국가유공자기업 생산품 구매 ②지역사회, 지역경제활성화와 중소·소상공인등과 상생·협력 노력성과 - 지자체, 지역기업과 협력사업 발굴, 지역사회 위한 시설 이용(중소기업에 어린이집 개방 등) 편의제공 노력성과 - 협력·위탁업체 적기 자금결제 등 공정한 경제질서 확립(선지급율 확대, 상생결제 시스템, 하도급지킴이, 주계약자 공동 도급 등) 노력성과 - 중소기업,소상공인 기업 경쟁력강화 위한 기술지원(성과공유, 공동연구개발 확대, 동반성장 평가(산업부) 등) - 사회적경제기업(사·협·마·자) 지원과 구매확대 등 노력성과
	(5)윤리경영	①경영활동시 경제적·법적책임, 사회통념상 기대윤리 준수 노력성과 - 준법·윤리경영체계 구축·운영 및 준법·윤리경영 실현 노력성과(윤리경영·전담조직과 지침)마련·운영여부 비윤리 행위 신고, 교육실적 등 - 사업추진, 조직·인사관리 등 기관운영전반 투명성 제고 노력성과 - 윤리경영 지원 내부결제시스템 운영(자율준수체계, 윤리·준법상담, 내부감사 결과 및 사후관리 등 내부견제활동 실적) - 인권교육, 인권침해 구제절차 등 인권존중 노력(고충처리제도, 인권보호 등)성과

평가지표	지표정의	세부 평가내용
업무효율	업무효율 실적평가	①노동생산성, 자본생산성 등의 지표 중 기관 특성고려 선정
재무예산 운영·성과	조직·인사일반 (삶의 질 제고)	①경영전략 연계 조직 및 인적자원 운용계획 수립 노력성과 ②핵심업무고려 단위조직 역할과 책임설정 및 적절 인력 배분 노력성과 ③기관설립 목적 달성과 경영성과 확보 노력성과 ④구성원 역량 지속 개발·향상 위한 노력성과 ⑤합리적 조직·개인 성과평가시스템 구축 노력성과 ⑥인력운영의 전문성 제고 노력과 성과 -개방형계약직제 및 전문직위제의 운영, 순환보직 원칙 수립 등 ⑦육아휴직 활용, 장시간 근로 해소 등 일·가정 양립위한 노력성과
	재무예산 운영·성과	①기관 경영성과 고려 재무(예산) 안정성, 투자 및 집행효율성 평가 ②중장기 재무관리계획 이행실적 평가 ③건전 재무구조 및 합리적 예산운용 관리시스템 구축 및 성과 - 중장기 재무관리계획의 적정성(혁신성장)등 노력성과 - 재무구조 안정성 및 건정성 유지를 위한 노력성과(미래위험 예측 및 대응, 부채 및 유동성 관리, 효율적 자산운용, 재무구조개선계획 운영의 적정성 및 이행노력) - 사업선정의 타당성 확보를 통한 합리적인 예산편성 및 집행 노력성과 - 재무중점관리기관의 부채감축을 위한 노력성과 - 원가 및 경비절감 등 예산절감 노력성과
보수·복리후생	보수·복리후생	①합리적 보수 및 복리후생 제도 구축 노력성과 - 합리적·공정(직무가치·능력·성과) 보수체계 운영노력성과 - 직무가치, 능력, 성과 등에 기반한 합리적 보수체계로 점진적 개편 - 합리적 직무평가 결과의 반영, 지나친 연공성 개선 노력성과 ②예산편성지침·예산집행지침 등 관련 규정기반 복리후생비 편성집행 - 예산편성 및 집행 관련규정 준수 ③임금피크제 운영 위한 노력성과 - 연령구조, 임금체계, 직무특성 등을 유형 적용대상, 임금조정기간, 임금지급률, 직무개발 등 제도설계의 적절성 - 신규채용 규모 및 재원조달 계획의 적정성
	총인건비 관리	①공기업·준정부기관 예산편성 지침의 총인건비 인상율 준수 여부평가
	노사관계	①협력적 노사관계 위한 노력성과 - 노사간 협의체 구축과 상호협력 참여를 위한 실질적 운영 - 노사간 공감대 현성 위한 의사소통과 노사관계 관리역량 강화 노력성과 - 노사협의를 통한 근로조건 실질적 향상 구체적성과
혁신과소통	혁신노력과 성과	①혁신계획의 적정성, 기관장의 리더십, 혁신추진체계 구축, 혁신문화조성 등을 위한 노력과 성과 - 혁신 목표가 기관 비전,전략체계와 잘 부합하고 혁신 전략과 과제가 혁신목표 달성에 기여할 수 있도록 구성여부 - 기관 혁신 촉발 위한 기관장 노력성과 - 혁신추진조직 구축, 혁신활동 보상체계마련, 구성원 혁신역량 강화 노력 - 대내외 혁신네트워크 구축, 우수과제 공유 활용 시스템마련 노력성과

평가지표	지표정의	세부 평가내용
혁신과소통	혁신노력과 성과	②국민 등 대내외 이해관계자와의 소통·참여·투명성 제고를 위한 노력 - 이해관계자 및 대국민 소통 채널 제도적 구축운영 노력성과 - 국민참여 소통이 기관의 운영에 실제 반영여부 소통 성과와 환류 노력 - 대국민 정보공개 확대 등 투명성 제고를 위한 노력성과
협력·참여	국민소통	①경영투명성 제고 위한 경영정보 공개시스템에 공시하는 자료의 정확성 및 적시성 평가 ②고객만족, 국민체감도, 사회적 가치 기여도 조사결과에 나타난 고객만족도, 국민체감, 사회적 가치 기여도의 수준 평가 - 고객만족 지수, 사회적 가치 기여도 지수를 8:2의 비율로 합산 산출
주요사업	주요사업 지표구성의 적정성	①주요사업 계량지표 구성의 적정성 - 기관의 설립목적과 연계 등 지표의 대표성 - 기관의 사업비중 및 정책 중요도를 고려한 가중치 배분의 적정성 - 투입·과정 지표보다는 산출·결과 지표로 구성하기 위한 노력 - 중장기적 관점을 고려한 지표설정 노력 - 평가 데이터의 신뢰성 확보 등 ②주요사업 계량지표 목표의 도전성 - 평가방식, 산식구성 및 목표치 설정, 사업여건 변화 등 목표의 도전성을 종합적 평가
	주요사업 성과관리의 적정성	①추진계획 수립·집행·성과·환류 및 사회적 가치 실현 등 주요사업전반 추진 성과평가 - 주요 사업별 추진계획은 구체적이고, 적정하게 수립되었는가? - 주요사업별 추진계획이 적절하게 집행되었는가? - 주요사업별 성과는 적정한 수준인가? - 주요사업별 환류 활동은 적절하게 수행되었는가?

1.2.5 사회적 가치유형과 정부혁신 계획과의 연관성

정부 및 공공기관의 운영원리라고 정의하는 사회적 가치의 유형이 정부혁신계획들과 어떤 연관성을 나타내는지 직간접적 상관관계를 분석해본 결과 아래와 같이 거의 모든 정부혁신사업과 연관성을 나타내고 있다.

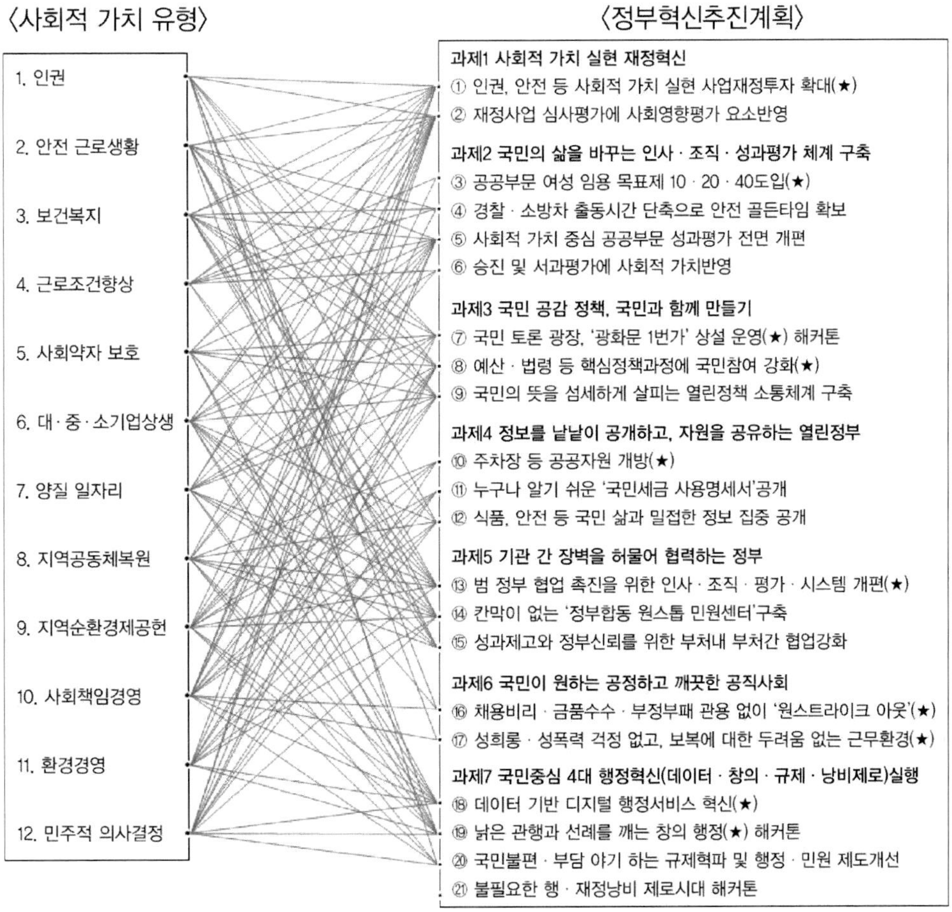

그림 3 사회적 가치와 정부혁신활동과의 연관성

1.2.6 사회적 가치유형과 공공기관 혁신 가이드라인·공공기관 경영평가 기준과 연관성

사회적 가치유형이 공공기관 혁신가이드라인과 공공기관 경영평가 기준과 어떤 연관성을 나타내는지 직·간접적 상관관계를 연계분석해본 결과 아래와 같이 연관성을 나타내고 있다.

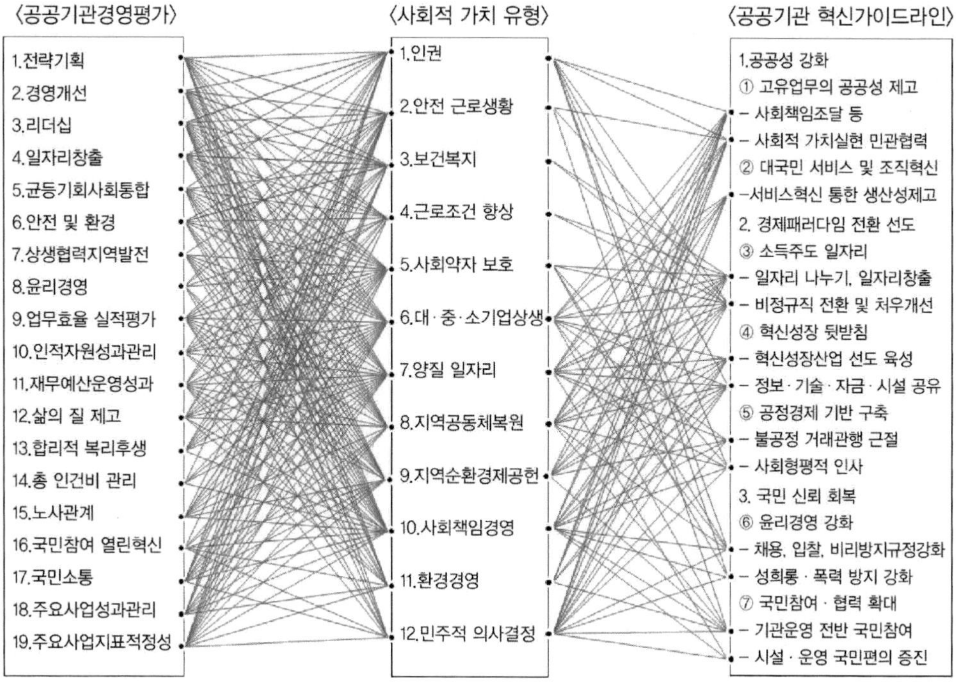

그림 4 사회적 가치와 공공기관 경영평가 및 공공기관 혁신 가이드라인과의 연관성

1.3 사회적 가치 창출을 통한 사회혁신과 국가혁신

정부혁신과, 공공기관혁신, 공공기관 경영평가기준을 종합적으로 해석하면 현 정부의 혁신은 사회적 가치가 작동되는 정부 및 공공기관 운영을 통해 기업과 시민사회 및 지역사회의 변화를 유인함으로써 국가적 혁신을 추진하려는 것을 알 수 있다. 이를 위해서는 선제적으로 정부나 공공기관이 혁신활동을 통해 기존의 정부조직법에 의해 또는 기관 정관의 목적사업을 통해 국민의 필요에 의해 수행해온 공공가치 창출활동에 연계하거나 재구조화에 의한 혁신이 추진되어야 한다. 이는 공공기관의 공공성 강화라는 측면으로 지금 보다 더 낳은 국가와 지역사회를 만들기 위해 공공의 이익과 공동체 발전에 기여 할 수 있는 사회적 가치 구현활동으로 사회혁신과 국가혁신활동에 동참하는 것이다.

정부는 정부혁신 종합 추진계획 의해 공공기관은 공공기관 혁신 가이드라인에 의해 혁신을 추진하고 있다. 정부와 공공기관의 혁신만으로는 사회혁신과 국가혁신을 이루기 어려울 것이다. 국가와 사회를 구성하는 정부, 기업, 시민사회 및 가족공동체가 이러한 혁신에 동참할 때 진정한 국가혁신 및 사회혁신의 성과가 나타날 것이다.

특히 전국 공공기관이 혁신의 범위를 공공기관 내부적 혁신과 외부적 혁신을 종합적으로 판단 사회적 가치가 작동되는 공공기관의 내부 프로세스혁신과 협력업체와 지역기업, 그리고 지역사회 공동체 및 시민사회의 변화까지를 유인할 수 있다면 상당한 국가적 혁신의 성과로 귀결 될 수 있을 것이다. 이미 공공기관 경영평가 기준에 이러한 성과를 유인하기 위한 지표들이 포함되어 있으며 이를 많은 공공기관들이 전사적 혁신의 목표로 설정하고 전자직원의 공감대를 이루어가고 있다. 정부, 공공기관, 기업, 시민사회가 국가와 지역의 문제를 해결하기 위해 사회적 가치를 지향하면서 조직의 성과를 낼 수 있다면 사회혁신과 국가혁신을 통한 진정한 혁신적 포용국가로의 전환이 가능할 것이다. 이를 실행하기 위한 방법으로 정부는 협치, 공공기관은 동반성장, 기업과 시민사회는 사회책임활동을 통해 포용적 경영, 전환적 경영, 협력적 경영으로의 전환이 되어야 할 것이다. 이를 통해 이시대에 대한민국 앞에 놓여 있는 국가적 지역적 난제를 해결하기 위해 국가와 사회를 구성하는 다양한 주체들이 자발적이면서 적극적으로 혁신활동에 동참하도록 유인하고 실제적 국민들의 삶의 변화를 가져오는 것이 혁신의 궁극적인 목표일 것이다.

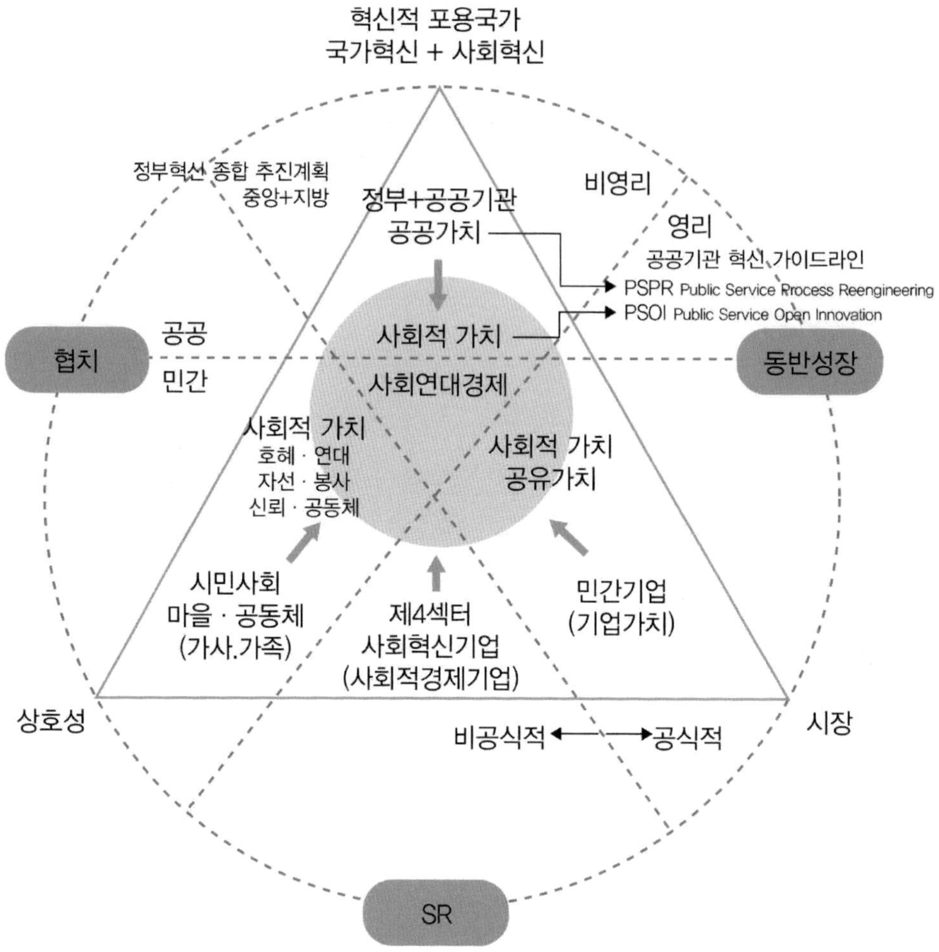

그림 5 사회적 가치 구현을 통한 국가·사회 혁신 체계도

2. 공공기관 경영전략과 사회적 가치 실현 연계방안

2.1 정부혁신정책과 공공기관 경영전략과의 관계

'08년 공공기관 선진화 정책 하에 경영효율화에 치중함에 따라 공공기관의 공공적 역할의 부족함에 대한 국민적 비판과 관련하여 공공성 회복 아젠더에 대해 많은 공공기관의 공감대는 형성되어 있으나 이를 실현하기 위한 역할 인식과 방법론 도출은 미흡한 실정에 있다.

이번정부는 공공기관의 고유의 공공성을 강화하고 더 많은 공익 창출을 요구하는 맥락에서 사회적 가치 창출을 요구 하고 있다. 이러한 측면에서 사회적 가치는 경제적 효율성, 공공성, 공공이익 창출 이라는 맥락을 포함하고 있으며 이를 실현시키기 위해 정부는 「정부혁신 종합 추진계획」에서 12가지 사회적 가치 유형을 예시로 들어 공공기관 운영원리에 대한 변화를 추진하고 있다.

일부 공공기관에서는 12가지 사회적 가치 유형요소별로 조직운영현황을 진단하고 선진사례와 비교분석한 후 세부추진과제를 도출하는 공공기관도 있다. 이는 공공기관 운영 전반에 사회적 가치구현활동을 기관에 내재화를 시켜 모든 현업부서에서 사회적 가치, 참여와 협력, 신뢰받는 공공기관으로의 변화를 유인하고 실제로 일하는 방식의 변화를 추진하고 있다는 것이다.

「정부혁신 종합 추진계획」에는 3대 전략 7대과제 21개 세부 추진과제를 제시하고 있으며 중앙정부 및 지방자치단체들의 참여를 유인하고 있다.

상기 「정부혁신 종합 추진계획」 외에 338개 공공기관을 정부혁신에 동참시키기 위한 정책으로 「공공기관 경영평가」 내에 사회적 가치 구현 지표를 신설해 사회적 가치 창출을 유인하고 있다. 일자리창출, 균등한 기회와 사회통합, 안전 및 환경, 상생·협력 및 지역발전, 윤리경영 등과 같은 5가지 사회적 가치 지표체계 설정하여 운영하고 있다. 100점 만점의 지표체계 중 22~24점의 배점으로 사회적 가치 지표가 구성되어 있으나 1. 경영전략 및 리더십부터 주요사업의 성과평가 지표 세부평가내용을 보면 사회적 가치가 작동될 수 있도록 구성되어 있다.

2019년 기준 전국 339개 공공기관은 정부가 발표한 「공공기관 혁신 가이드라인」에 의해 혁신계획안을 작성 했다. 3대 혁신 기본방향인 공공성 강화, 경제

전환, 신뢰회복과 7개 추진과제인 고유업무의 공공성 제고, 대국민 서비스 및 조직운영 혁신, 소득주도·일자리 중심 경제선도, 혁신성장 뒷받침, 공정경제 기반구축, 윤리경영 강화, 국민의 참여·협력 확대 등을 기준으로 기관의 특성을 고려하여 혁신계획을 작성 대국민에게 공표하였다.

상기 3가지 정책 외에도 공공기관의 경영전략에 영향을 주는 현 정부의 정책들이 다수 있다. 다양한 정부 혁신정책들과 연계하여 공공기관의 경영전략체계를 재구성하고 도출된 전략체계를 공공기관별로 전사적 차원에서 공감대를 어떻게 형성할 것인가?는 많은 공공기관의 고민거리 일 것이다. 기관 자체역량으로 수행 가능한 사회적 가치 실현방안을 마련하기 위해 구체적인 과제 도출과 실행방법론을 구축하거나, 인접 공공기관 또는 유사 공공기관 들이 모여 연대를 통한 사회적 가치 실현 전략 또는 사회혁신방안에 대한 실행 가능한 방법을 찾고 있고 일부 혁신도시에서는 공공기관들과 지방공기업 등 협업을 통해 성과를 내고 있다.

상기와 같이 현 정부가 추진하는 혁신 정책은 사회적 가치가 공공서비스 운영원리로서 공공기관의 일하는 방식의 변화를 요구하고 있으나 이를 어떤 기준으로 전략체계를 구성하고, 조직 내·외부적으로 내재화 시켜야 하는가에 대한 고민은 여전히 계속되고 있는 상황이다. 이런 맥락에서 공공기관들이 발표한 사회적 가치 실행 기반 혁신전략의 실행체계 사례를 살펴본 결과 공공기관별로 혁신 실행체계가 조금씩 상이함을 알 수 있었다. 몇 가지 시사점을 기술하면 다음과 같다.

첫째, 혁신전략 수립시 정부정책 적용기준

예를 들어 LH, 인천국제공항공사 등의 기관은 「공공기관 혁신가이드라인」에 기반하여 혁신전략을 수립한 반면, Korail의 경우 「공공기관 경영평가 기준」 상의 사회적 가치 평가기준에 기반하여 혁신전략을 수립하여 발표하였다.

둘째, 전사적 차원의 경영전략과 혁신전략과의 관계성

혁신전략과 경영전략과의 관계성을 보면 LH, 인천공항, Korail의 경우 「전사경영전략의 하위 전략」 개념으로 접근하여 추진전략을 수립했다. 하지만 일부 공공기관은 「전사경영전략과 혁신전략 일원화 전략」 체계를 구축하였다.

셋째, 열린경영(지속가능경영, 사회책임경영, 동반성장, 윤리경영, 환경경영, 에너지경영, 고객만족경영)과 혁신전략과의 관계성

공공기관의 유형에 따라 시장형 공기업, 준시장형공기업, 기금관리형 준 정부기관, 위탁집행형 준 정부기관, 기타공공기관으로 구분될 수 있다. 공공기관 설립목적이나 규모에 따라 열린경영 내 다양한 하위 경영전략체계를 운영하고 있는데 전사 경영전략체계 외에도 다양한 하위 경영전략과 혁신전략과의 연계성과 전사차원 전직원의 공감에 기반에 전략이 실행이 될 필요가 있다. 경영전략체계가 다양하다보니 선언적 의미로서 전략체계를 운영하고 표면적 성과관리에 그치는 것은 아닌지 살펴볼 필요가 있다는 것이다.

이는 공공기관에서 사회적 가치 중심 정부혁신정책을 어떻게 인지하고 추진하느냐에 따라 기관별 접근전략이 다른 것으로 판단된다.

정부혁신계획에 기술되어 있는 사회적 가치는 공공기관의 공공서비스 공급기본원리라고 설명하고 있다.

기존 공공기관의 목적사업으로 만들어온 「공공가치」 외에 공공성 강화측면에서 「사회적 가치」는 "사회·경제·환경·문화 영역에서 공동체 발전에 기여하는 가치"라고 정의하고 있다. 이를 각각의 전략체계로 구성하는 방법과 일원화된 전략체계로 추진하는 방법 등 공공기관 상황에 따라 합리적 판단 필요할 것이다.

2019년 초 국무총리는 이번정부의 혁신성과가 미흡한 이유는 정부정책간 연계성이 고려되지 못해서라고 이야기 한바가 있고, 신임경제부총리도 기존 경제

정책 기조는 유지하되 속도조절과 유연성을 확보하여 추진하겠다고 이야기 한바가 있다.

현재 추진하고 있는 공공기관의 혁신이 표면적 성과가 아닌 실제적 성과로 국민들이 체감할 수 있는 성과로 연계되기 위해서는 현 정부가 추진하는 사회적 가치 기반 혁신의 맥락을 깊이 있게 이해하고 공공기관이 실행 가능한 포용적 혁신성과를 전사 직원들의 공감을 통해 실행해 내는 것이 중요하다.

2.2 사회적 가치 구현을 위한 공공기관 혁신전략 추진체계

공공기관은 혁신전략의 실효성을 구현하기 위해 대부분의 1.혁신 추진체계 - 2.혁신활동 성과 관리 - 3.혁신 네트워크 활성화 - 4.내부 혁신역량 강화 활동 등을 추진하고 있다. 공공기관장의 리더십에 따라 기관별로 혁신추진 의지는 온도차이가 있기는 하나 전체적인 틀과 체계는 유사하게 추진되고 있다. 다만 공공기관 혁신 추진을 매년 정부가 하는 공공기관 평가에 대응하기 위해 하는 형식적 혁신추진인지, 아니면 이번정부가 추진하려는 정부혁신의 정책적 맥락을 충분히 이해하고 국가와 지역의 문제를 해결하기 위해 조직의 적극적인 변화와 혁신을 추진하는 것인지를 알 수 있는 몇 가지 관점이 있다. 이는 공공기관 혁신계획안을 통해서 알 수 있는데 공공기관별 혁신의지와 실효성을 예측할 수 있는 세 가지 관점을 이야기 하고자 한다.

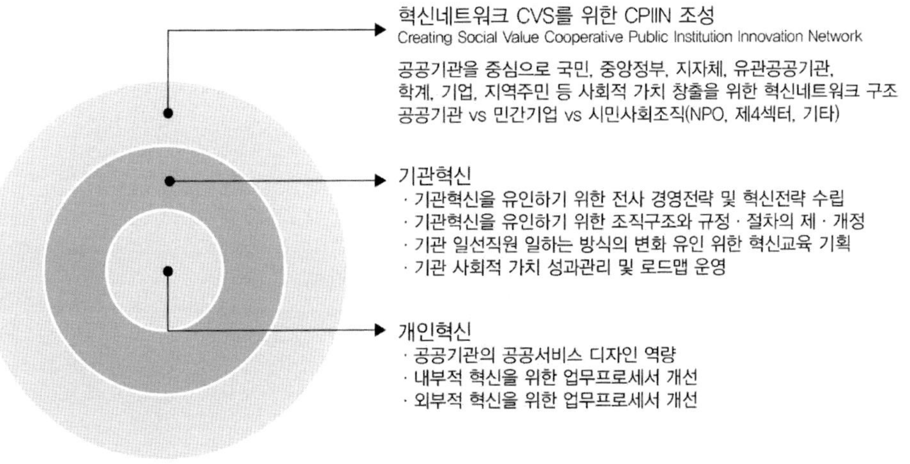

그림 6 공공기관 혁신을 위한 필요 역량

첫째, 공공기관 혁신정책이 실행가능 하도록 실효성 있는 거버넌스체계가 구축되어 있는가? – 사회적 가치 실현 혁신네트워크

공공기관은 혁신성과를 내기 위해 혁신 추진체계구축, 혁신활동 성과관리, 혁신 네트워크를 구성하여 추진하고 있으며, 혁신 추진체계 중 내·외부 혁신거버넌스 또는 혁신네트워크를 구축하여 운영하고 있다. 이번 정부가 추진 하는 "국민의 나라 정의로운 대한민국"을 실현시키기 위해 정부혁신의 중요요소로 참여와 협력프로세스를 공공기관의 업무프로세스에 내재화해야 한다고 제시하고 있다. 사회적 가치를 구현하는 공공기관–참여와 협력–신뢰회복을 위한 거버넌스체계, 공공성강화–경제전환(소득주소성장·혁신성장·공정경제)–신뢰회복을 위한 거버넌스체계가 구축되어 있는가? 국가적 변화와 혁신의 방향성이 작동될 수 있는 거버넌스 체계를 구축하는 것은 공공기관의 변화와 혁신을 유인하기위한 큰 틀에서의 전제조건이 될 것이다.

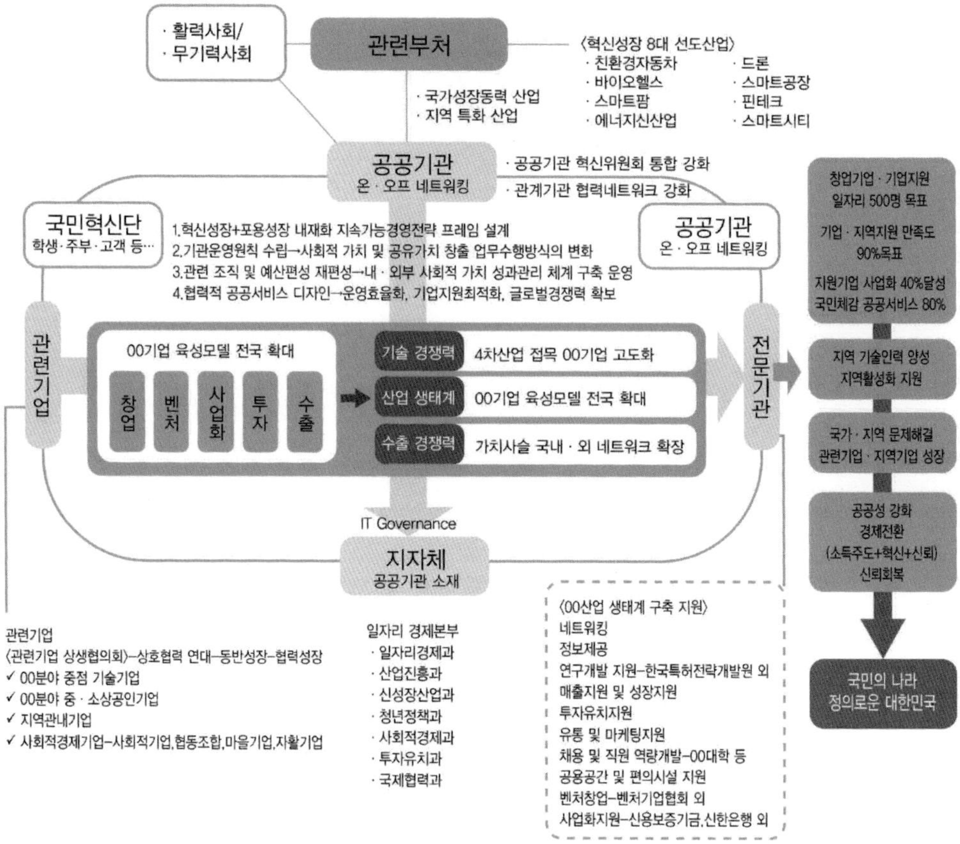

그림 7 공공기관 혁신 네트워크 모델

공공기관의 변화와 혁신유형은 내부혁신과 외부혁신으로 구현될 수 있을 것이다. 외부혁신은 협력적네트워크를 통해서 구현되므로 현재 정부가 추진하고 있는 국민자문단이라는 한정적 외부 혁신네트워크가 아닌 공공기관의 업무적 특성과 비전전략체계 등을 고려한 종합적 혁신네트워크로 등을 구성하여 추진하여야 할 것이다.

공공기관혁신은 내부혁신으로 조직혁신과 업무혁신으로 외부혁신으로는 서비스혁신과 산업혁신으로 구분 할 수 있을 것이다. 이를 실현시키기 위해서는 정부기관, 공공기관, 학계, 연구소, 민간기업, 시민사회단체 등 다양한 이해관계자와의 실무적 네트워크를 구성하여 지속적으로 실효성 있게 운영하는 것이 중요할 것이다.

둘째, 세부추진과제별 공공기관 내부 규정과 절차 제·개정 계획과 연계성을 가지고 있는가? – 기관혁신

모든 조직은 지원부서와 사업부서로 구분 할 수 있을 것이다. 지원부서는 보통 인사·총무·예산·홍보·감사 부서 등 사업부서를 지원하는 기능을 수행한다. 주사업부서는 기관별로 공급하는 공공서비스 현업부서를 의미한다. 어떻게 하면 모든 부서를 최적화 시켜 조직의 운영성과를 원하는 방향으로 극대화 시킬 수 있는가? 라는 질문은 세상 모든 조직의 공통된 추진 과제일 것이다. 1985년 하버드대 마이클포터교수 정립한 가치사슬(value chain)모델을 도입해 본다면 모든 공공기관의 주활동부서(primary activities)과 지원활동부서(support activities)가 최적화되면서 정부의 혁신의 방향성을 지향하면 성과를 극대화 시킬 수 있을 것인가? 이번 정부가 추진하는 포용적 혁신국가를 지향하면서 공공기관의 업무·사업적 특성을 반영하여 기관 혁신실행전략을 구현해 낼 수 있을 것인가?

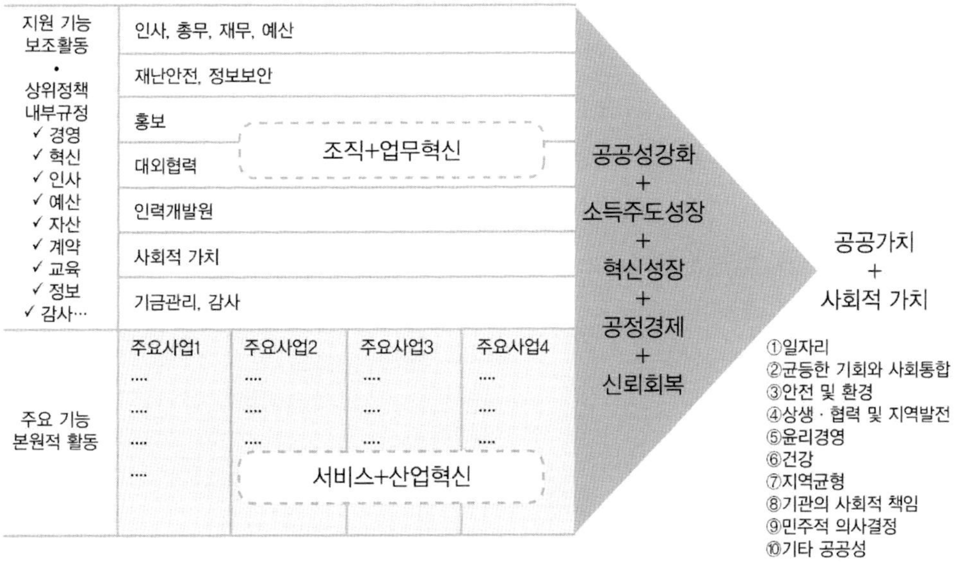

그림 8 공공기관 가치사슬 기반 혁신모델

공공기관의 진정성 있는 변화와 혁신은 전사 공감대에 기반한 조직혁신, 업무혁신, 서비스혁신, 더 나아가 산업혁신까지를 추진하는 것이다. 이는 전 직원의 적극적 참여를 통한 지속적 혁신활동이 진행될 때 가능할 것이다. 이를 유인하기 위해서는 현 정부의 다양한 혁신정책들이 공공기관의 내부규정과 절차 등을 세밀하게 수정·보완하여 연계 운영할 때 전직원을 변화와 혁신에 동참시킬 수 있을 것이다.

예를 들어 「공공기관 혁신가이드 라인 – 2018.6.7」에 적시되어 있는 첫 번째 혁신방향인 "공공성 강화"방안으로 사회책임조달[2])이행을 공공기관에 내재화하기 위해서는 내부규정인 계약관리규정을 수정보완한 후 사회적 가치가 구현 될 수 있도록 입찰기획에 대한 실무교육이 선행되어야 한다. 이를 구현시키기 위해서는 계약담당자는 사회적 가치가 구현될 수 있도록 입찰공고문, 과업지시서, 제안요청서 등을 작성할 수 있어야 하며, 공공기관의 파트너를 선정하는 심사과정에서도 심사위원들이 사회책임조달이 구현될 수 있는 의사결정을 할 수 있도록 계약담당자는 사전에 세밀하게 준비를 해야 한다.

이번정부가 추진하는 「공공기관 혁신가이드라인」 중 1.공공기관 고유업무의 공공성강화 파트에 제시되어 있는 조달혁신과 관련된 혁신활동이 공공기관안에 내재화하기 위한 프로세스를 설명한 것이다.

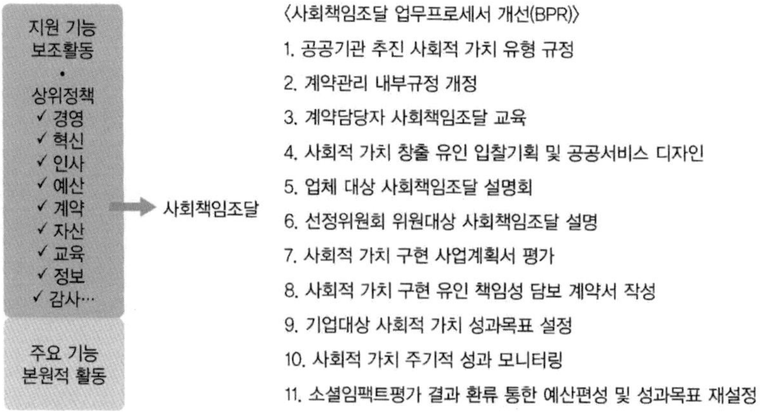

그림 9 사회적 가치 구현을 위한 사회책임조달 구현 프로세스

2) 사회책임조달이란 공공기관의 구매력을 활용하여 사회적 가치를 창출하는 활동을 의미한다.

이외에 2.대국민서비스 및 조직운영혁신 활동 중 유연근무제 정착, 두 번째 혁신방향인 경제패러다임 전환 선도에서 3.소득주도·일자리 중심 경제 선도과제 내에는 공공부분 일자리 창출, 비정규직 전환 및 처우개선, 근로시간 단축 4.혁신성장 뒷 받침 내에는 혁신제품 초기 판로지원, 신기술 신공법 채택, 제안서 작성 제출, 구매 자격의 요건 완화 및 간소화, 공공기관 유·무형의 재산 공유 5.공정경제 기반 구축내에는 중소기업 및 사회적경제기업 상생협력강화, 불공정 거래관행 및 갑질 행위 근절, 지역경제 활성화 기여, 사회형평적 인사 세 번째 혁신방향인 국민 신뢰 회복에서는 6. 채용, 입찰비리, 부패근절을 위한 모니터링확대 및 내부규정 강화, 성희롱·성폭력 대응 감독강화를 통한 윤리경영 강화 추진 7. 공공기관 운영전반에 국민참여 확대, 공공기관 보유 청사, 연수원 등 하드웨어(H/W) 및 소프트웨어(S/W)개방과 국민과 함께 하는 프로그램 추진을 통해 국민참여· 협력확대를 추진하고 있다.

상기 다양한 혁신과제가 공공기관내에서 구현되기 위해서는 공공기관이 운영하는 수많은 내규와 절차가 세밀하게 수정되고 직원들에게 알려 실제적인 업무의 변화를 유인하는 것이 중요할 것이다.

셋째, 전사차원에서 실무 담당자의 실제적 변화를 유인하기 위한 세밀한 운영계획이 있는가? - 개인혁신

변혁적인 국가혁신리더십과 혁신전략체계가 잘 기획되어 공공기관에 시달된다고 할지라도 공공기관 일선 실무담당자가 국가적 변화와 공공기관이 혁신정책에 관심이 없으면 아무런 변화는 일어나지 않는다. 기획실 및 경영평가 지원부서 조직이 아닌 주요사업부서 담당자를 어떻게 혁신에 동참시킬 수 있는가에 대한 계획은 공공기관별로 차이가 있다. 영국의 경우 우리나라보다 6년 전인 2012년에 공공서비스법(사회적 가치법)을 발표하고 국가차원에서 혁신을 추진하고 있다. 영국의 경우에도 공공기관에게 사회적 가치 창출을 요구하고 있다. 2015년 영국의 내각사무처(Cabinet office)에서 발표한 사회적 가치 운영평가 자료를 보면 다양한 긍정적 효과를 가져 오기도 했으나, 사회적 가치에 대한 인식의 혼선에서 오는 문제와 기존의 관료주의적 운영체계에서의 소극적 변화의 형태로 추진하려는 기관도 다수 있는 것으로 설명하고 있다. 정부의 혁신정책의 맥락을 이해하고 공공기관의 사회적 가치 창출을 통한 변화와 혁신에 대한 성과를 만들어 내기 위해 영국 정부나 공공기관은 두 가지 방법을 사용하고 있다. 정부나 공공기관별로 세밀한 교육과정과 실행유인을 위한 가이드라인 만들어 운영하는 것이다. 맨체스터(manchester city) 지방정부에서는 5일 과정으로 「사회적 가치 구현을 위한 아카데미 프로그램」을 운영하고 있으며, 영국 도로공사(highways england)는 「사회적 가치 디자인과 공급을 위한 내부 업무수행방법」 가이드라인을 만들어 운영하고 있다. 특히 맨체스터시티 교육운영과목을 보면 분권·시민·공동체·정치, 결과물 및 시스템중심으로 일하는 방식 변화, 미래서비스 공급을 위한 재원조달, 사회적 투자, 공공서비스디자인, 사회적 가치를 지향하는 공공서비스 공급업체 관리, 빅데이터 기반 의사결정, 공공서비스에 행동과학 적용, 사회적 가치 구현을 위한 조달, 시민들의 마음을 얻는 방법 등과 같은 교육프로그램으로 운영되고 있음을 알 수 있었다. 영국과 우리나라가 추진하는 국가 차원에서의 사회적 가치구현 정책은 차이가 있겠으나 공통점은 정부나 공공기관 담당자들의 실제 일하는 방식을 어떻게 유인할 것인가?에 대한 고민은 같을 것이다. 그런 면에서 영국에서 추진하는 일선담당자들의 일하는 방식의 변화를 유인하기 위한 교육방법론은 우리나라에 주는 시사점이 있다.

현재 많은 공공기관에서 변화와 혁신을 위한 특강 및 워크숍을 추진하고 있다. 하지만 좀 더 본질적인 변화를 위해서는 교육을 기획하는 부서에서는 어떤 내용으로 교육과정을 운영해야하는지, 기관의 특성과 공공서비스에 맞는 전사적 공감력을 높이기 위해서는 어떤 커리큘럼으로 진행해야 하는지 충분한 기획을 통해서 내실 있는 교육과정을 운영할 필요가 있다. 현 정부가 추진하는 사회적 가치성과를 지향하면선 행동의 변화, 사고의 변화, 나의 변화까지를 유인 할 수 있는 교육과정으로 기획이 될 필요가 있을 것이다.

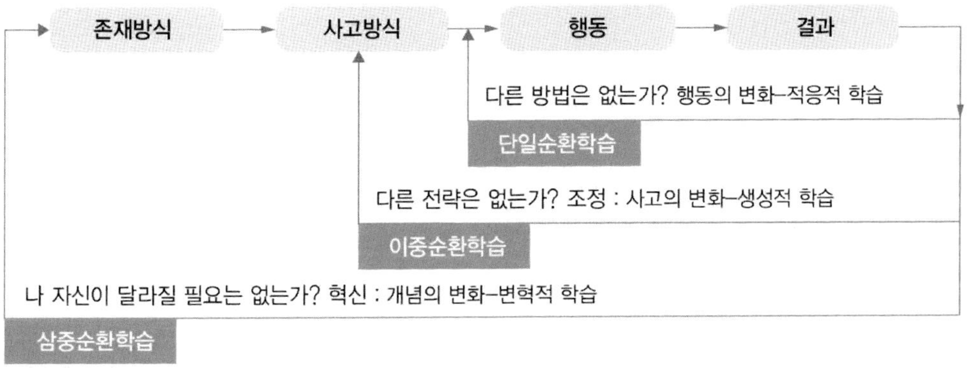

그림 10 개인혁신을 위한 삼중순환학습모델

앞서 기술한 공공기관의 변화와 혁신을 위해 필요 요건을 3가지로 요약할 수 있을 것이다.

첫째, 네트워크(거버넌스)혁신 - 사회적 가치 구현을 위한 혁신네트워크 조성과 운영

둘째, 기관혁신 - 정부혁신정책 수용을 위한 기관의 내부규정과 절차 제·개정을 통한 업무·조직 혁신 유인

셋째, 개인혁신 - 일선담당자들의 변화 관리를 위한 구체적인 교육프로그램 및 사회적 가치 창출 가이드라인

2.3 사회적 가치 구현 성과관리

「공공기관혁신 가이드라인」 에 의해 모든 공공기관은 혁신 추진체계 - 혁신활동 성과 관리 - 혁신 네트워크 활성화 - 내부 혁신역량 강화 활동 등을 추진하고 있다.

이번 정부의 혁신의 성패는 정부 및 공공기관에 달려있다고 해도 과언이 아니다. 그만큼 사회적 가치 혁신관련 공공기관성과를 속도감 있게 요구하고 있는 상황이다.

공공기관 혁신성과는 내부적 성과와 외부적 성과로 구분해 볼 수 있다. 공공기

관 조직의 성과는 모든 부서의 업무성과를 최적화해야 성과를 극대화 할 수 있다. 이는 공공기관별로 지원기능부서인 기획, 혁신, 인사, 총무, 재무, 예산, 법무, 정보, 홍보, 감사부서의 업무와 기관의 본원적 활동을 하는 주요사업부서의 업무가 최적화 되는 것을 의미한다. 이는 조직의 공적가치사슬이 최적화 되는 것을 의미한다. 민간기업의 경우 가치사슬의 최적화는 이윤과 기업의 지속가능경영이라는 성과로 나타나게 된다. 공공기관 운영의 최적화는 공공가치와 사회적 가치 성과로 나타낼 수 있을 것이다.

먼저 조직의 내·외부적 혁신성과를 구분해보면 다음과 같다.

표 5 공공기관 혁신성과별 내·외부 혁신 추진방법

공공기관 혁신성과	혁신 추진 방법	
	내부적 혁신	외부적 혁신
1.1 공공기관 고유의 목적사업의 공공성 강화방안 마련 및 이행	○	
1.2 사회적 가치를 고려한 조달혁신을 통한 사회적 가치 실현	○	
2.2 일하는 방식 및 서비스혁신을 통한 생산성 제고	○	
3.1 공공부문 일자리창출 및 일자리 질 개선	○	
4.1 혁신성장 핵심 선도사업 등 혁신제품의 초기 판로지원을 위한 공공기관 수요 적극 발굴 및 민간수요 창출 지원	○	
4.2 공공투자 시 신기술·신공법 적극 채택하고, 창업·벤처기업의 참여 확대 추진	○	
4.3 혁신성장 저해 내부 규정개선	○	
4.4 공공기관 보유 정보·기술·인력·자금·시설 등 창업초기 기업 및 벤처기업 등에 개방·공개·제공	○	
5.1 사업 추진·물품구매에 있어 중소기업·사회적경제기업 등과 상생협력 강화	○	
5.2 불공정거래 관행 및 갑질행위 근절	○	
5.3 고용창출, 지역산업발전 등 지역경제 활성화 적극기여	○	
5.4 사회형평적 인사 실현	○	
6.1 채용, 입찰비리 등 각종 부패 근절을 위한 모니터링 및 내부규정 강화	○	
6.2 성희롱·성폭력 방지 위한 예방·대응·감독강화	○	
7.1 공공기관 운영전반 구민참여 확대	○	
7.2 국민편익 증진위한 유·무형자산 활용 극대화	○	
1.1 협력적 파트너를 통한 공공기관 고유의 공공성강화방안 마련 및 이행		○

공공기관 혁신성과	혁신 추진 방법	
	내부적 혁신	외부적 혁신
1.2 협력업체, 시민단체, 사회적경제기업 등 민간과의 협업을 통해 사회적 가치 실현 민간부문 확산노력		○
2.2 AI, 빅데이터, 서비스사이언스, 행동과학 등의 전문기관 협업을 통한 일하는 방식 및 서비스혁신을 통한 생산성 제고		○
3.1 공공기관 신규사업 발굴 통해 연계되는 민간부문 연계일자리 창출		○
3.2 공공기관 인턴 - 지역업체 및 협력업체 일자리 매칭		○
4.1 혁신성장을 위한 초연결지능화, 스마트공장, 스마트팜, 핀테크, 에너지신산업, 스마트시티, 드론, 미래자동차 등 혁신제품과 서비스 개발		○
5.1 중소기업 및 사회적경제기업과의 협력을 통한 사회적 가치 창출		○
5.3 혁신도시 기업들과 협업네트워크를 통한 지역현안 문제 해결에 중심역할 수행		○
5.4 형평적 인사 실현을 위한 전문 인적자원관리기업과 협업		○
6.1 부패 근절을 위한 외부기관 감사 및 모니터링 강화		○
6.2 성희롱·성폭력 방지를 위한 전문기관 협업		○
7.1 공공기관 운영전반 국민참여 확대를 위한 행사 기획 및 아이디어 수렴 및 모니터링 외부기관 협업		○
7.2 국민편익 증진을 위한 전문기관 협업을 통한 유·무형 자산 공유플랫폼 구축 활용 최적화 추진		○

첫째, 내부적 혁신성과

정부가 추진하는 「공공기관 혁신가이드라인」 중 내부적 혁신성과는 공공기관 내부 전략체계와 업무프로세스를 수정·보완하여 성과를 유인하는 것이다. 그 유형을 살펴보면 1.1 공공기관 고유의 목적사업의 공공성 강화방안 마련 및 이행, 1.2 사회적 가치를 고려한 조달혁신을 통한 사회적 가치 실현, 2.2 일하는 방식 및 서비스혁신을 통한 생산성 제고, 3.1 공공부문 일자리창출 및 일자리 질 개선, 4.1 혁신성장 핵심 선도사업 등 혁신제품의 초기 판로지원을 위한 공공기관 수요 적극 발굴 및 민간수요 창출 지원, 4.2 공공투자 시 신기술·신공법 적극 채택하고, 창업·벤처기업의 참여 확대 추진, 4.3 혁신성장 저해 내부 규정개선 4.4 공공기관 보유 정보·기술·인력·자금·시설 등 창업초기 기업 및 벤처기업 등에 개방·공개·제공, 5.1 사업 추진·물품구매에 있어 중소기업·사회적경제기업 등과 상생협력 강화, 5.2 불공정거래 관행 및 갑질행위 근절, 5.3 고용창출, 지역산업 발전 등 지역경제 활성화 적극기여, 5.4 사회형평적 인사 실현, 6.1 채용, 입찰비리 등 각종 부패 근절을 위한 모니터링 및 내부규정 강화, 6.2 성희롱·성폭력 방지 위한 예방·대응·감독강화, 7.1 공공기관 운영전반 구민참여 확대, 7.2 국민편익 증진위한 유·무형자산 활용 극대화 등의 혁신을 추진중에 있다.

둘째, 외부적 혁신성과

외부 혁신성과는 공공기관의 파트너를 통해 협력적 혁신성과를 유인하는 것이다. 대표적인 외부적 혁신으로는 동반성장, 포용성장, 협력성장이다. 「공공기관 혁신가이드라인」 에서 그 유형을 살펴보면 1.1 협력적 파트너를 통한 공공기관 고유의 공공성강화방안 마련 및 이행 1.2 협력업체, 시민단체, 사회적경제기업 등 민간과의 협업을 통해 사회적 가치 실현 민간부문 확산노력, 2.2 AI, 빅데이터, 서비스사이언스, 행동과학 등의 전문기관 협업을 통한 일하는 방식 및 서비스혁신을 통한 생산성 제고, 3.1 공공기관 신규사업 발굴 통해 연계되는 민간부문 연계일자리 창출, 3.2 공공기관 인턴 - 지역업체 및 협력업체 일자리 매칭, 4.1 혁신성장을 위한 초연결지능화, 스마트공장, 스마트팜, 핀테크, 에너지신산업, 스마트시티, 드론, 미래자동차 등 혁신제품과 서비스 개발, 5.1 중소기업 및 사회적경제기업과의 협력을 통한 사회적 가치 창출, 5.3 혁신도시 기업들과 협업네트워크를 통한 지역현안 문제 해결에 중심역할 수행, 5.4 형평적 인사 실현을 위한 전문 인적자원관리 기업과 협업, 6.1부패 근절을 위한 외부기관 감사 및 모니터링 강화, 6.2 성희롱·성폭력 방지를 위한 전문기관 협업, 7.1 공공기관 운영전반 국민참여 확대를 위한 행사 기획 및 아이디어 수렴 및 모니터링 외부기관 협업, 7.2 국민편익 증진을 위한 전문기관 협업을 통한 유·무형 자산 공유플랫폼 구축 활용 최적화 추진 등의 사업을 추진할 수 있다.

조직혁신은 앞서 기술한 바와 같이 내·외부 혁신 외에 과정혁신(조직혁신·업무혁신)과 서비스·산업혁신결과로 구분할 수 있다.

첫째, 과정혁신으로 조직혁신과 업무혁신성과

과정혁신으로 조직혁신과 업무혁신은 모든 조직의 운영프로세스인 투입(Inputs) – 운영(operations) – 산출(output) – 결과(outcomes)라는 업무 프로세스를 혁신하여 공공가치와 사회적 가치를 창출하는 것이다. 지원기능의 부서와 주요사업 부서 등 전부서의 조직 활동성과로 이번정부가 추진하는 공공성강화, 포용성장, 소득주도성장, 혁신성장, 공정경제, 신뢰받는 공공기관을 만들어 내는 것이다. 구체적 성과로 일자리 창출, 균등한 기회와 사회통합, 안전 및 환경, 상생·협력 및 지역발전, 윤리경영, 지역균형, 공공기관의 사회적 책임, 민주적 의사결정, 기타 공익창출성과로 나타나게 된다.

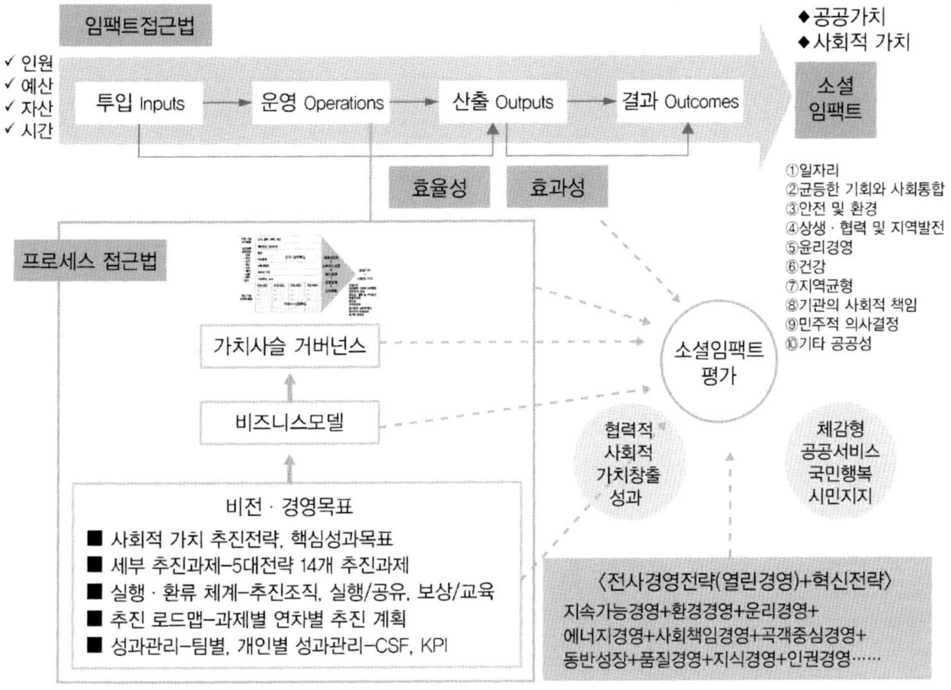

그림 11 공공기관 사회적 가치 구현을 위한 임팩트 모델

상기와 같은 정부혁신성과를 조직에서 구현하기 위해서는 전사 모든 부서는 **투입(input)단계**에서 인원, 예산, 자산, 시간의 투입이 달라져야 한다. 정부혁신·공공기관 혁신성과를 달성하기 위해서 전사혁신전략체계가 작동되기 위한 투입단계에서의 변화가 선결되어야 한다. 투입단계의 전사적 변화는 반드시 인원, 예산, 자산, 시간의 투입의 변화를 줄 수 있는 관련규정과 절차의 변화가 선제적으로 이루어 질 때 가능할 것이다. 조직·인사관리규정, 재무관리규정, 재산관리규정, 계약관리규정, 성과관리규정, 감사관리규정, 정보관리규정 등 정부의 혁신정책의 맥락에 맞게 수정·보완하고 전 직원의 공감을 이뤄 실제적 변화를 이끌어내야 가능한 것이다.

운영(operations)단계의 변화는 공공기관의 실제적 업무의 변화를 의미하는 것으로 전사경영전략의 미션·비전·핵심가치와 혁신목표, 3대 혁신전략, 7대 혁신과제와 세부추진과제를 연계하여 실·국·본부·팀·개인단위의 업무적 변화를 가져온다. 대 부분의 공공기관의 7대 혁신과제로 채택하고 있는 업무의 공공성 제고, 대국민 서비스 및 조직운영 혁신, 소득주도 일자리 중심 경제 선도, 혁신성장 뒷받침, 공정경제 기반 구축, 윤리경영 강화, 국민의 참여·협력 확대 등의 과제 하위로 공공기관의 경영여건과 주요사업여건을 반영하여 부서별 실행 가능한 혁신과제목록을 만든 후 선별하여 20~40여개의 세부과제를 선정하여 추진하고 있다.

공공기관별로 세부과제 추진체계를 살펴보면 과제명 – 1. 추진배경 - 2. 추진방법 - 3. 주요내용 - 4. 성과목표 - 5. 소요예산 - 6. 추진일정 순으로 수립하여 추진하고 있다. 하지만 추진과제의 실효성과 효과성을 유인하기 위해서는 기존 혁신과제 추진체계에 추가적으로 7. 관련규정 및 지침 제·개정계획 - 8. 소셜 임팩트(사회적 가치측정) – 9. 전사공감을 위한 사항을 고려하여 추진 시 혁신과제 효과성과 실효성을 높일 수 있을 것이다.

산출(output)단계는 모든 공공기관의 주요사업부서의 조직 활동 성과로서 국민들에게 공급되는 공서서비스의 결과를 의미한다.

결과(outcomes)단계는 공공기관의 공공성 강화측면에서의 서비스 성과가 국가와 지역의 문제 해결을 통해 국민들이나 기업들이 더 나은 삶과 환경으로 실제적 변화를 유인 했는가? 라는 것이다.

이번정부의 공공기관혁신의 주요관점은 상기 기관운영프로세스 전 과정에서 국민, 주민, 관계기업 등 다양한 이해관계자들이 자신이 받는 공공서비스의 성과(outcomes)를 함께 정의하고 기획하고 만들어가는 새로운 공공서비스를 제공하는 방식으로의 변화와 혁신을 추진하는 것이다.

둘째, 혁신결과로 서비스혁신과 산업혁신성과

공공기관 공공서비스 혁신 결과물의 유형에는 기존 공공서비스와 연계된 공익적 편익의 질을 높이는 성과, 기존 공공서비스 고도화를 통한 편익의 양을 확대하는 성과, 신규 공공서비스를 기획하여 새로운 편익을 만들어 내는 성과로 3가지가 있을 수 있다.

첫째, 기존 공공기관이 만들어 내는 공공서비스의 편익의 양을 확대하는 편익은 동일한 예산을 전제로 더 많은 국민들에게 공공서비스의 혜택을 누리게 하는 것이다.

둘째, 기존 공공서비스를 고도화하는 것은 기존의 공공서비스를 빅데이터, AI, IOT 등과 같은 ICT, 4차산업 등을 활용해 국민의 편리성을 높이는 공공서비스 혁신을 의미한다. 현 정부의 공공서비스 혁신의 예로 국민참여를 통한 사회문제 공동해결, 디지털기술 기반 생활 밀착형 맞춤형 공공서비스, 종이 대신 모바일로 디지털 공공서비스 혁신을 추진하는 것이다.

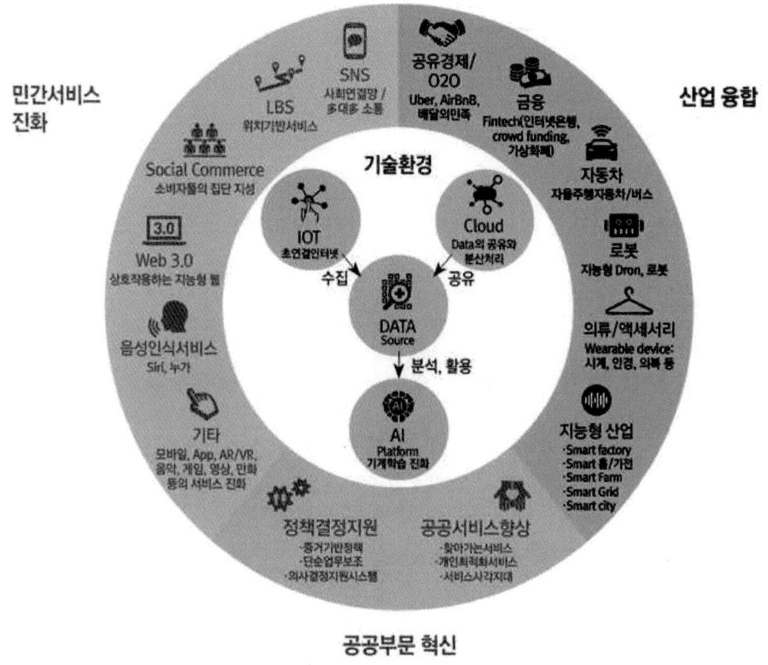

그림 12 공공기관 사회적 가치 구현을 위한 4차 산업 융합 공공서비스 혁신

셋째, **신규 공공서비스**는 시대적 맥락에 맞게 공공기관이 공급하고 있는 기존 공공서비스와 별도로 국민이 원하는 신규 공공서비스를 만들어 공급하는 것이다.

더 나아 공공기관이 생산하는 공공서비스혁신을 통해 관련 산업계에 혁신을 유인하여 산업혁신성과를 만들어 내는 것이며 이를 위해서는 민·관·산·학·연의 협력적 혁신네트워크를 작동시켜서 추진해야 할 것이다.

3. 소결

새로운 정부가 들어설 때 마다 정부는 혁신을 추진해왔다. 정부기관과 공공기관은 새로운 정부가 추진하는 혁신에 동참하고 혁신을 추진하지만 기존 업무관행에서의 변화는 상당한 혁신 피로감을 야기 시키고 혁신추진의 속도를 더디게

한다. 현 정부도 "국민의 나라 정의로운 대한민국"이라는 국가비전을 실현시키기 위해 전국 339개의 공공기관을 대상으로 국가혁신에 동참할 것을 요구하고 있다. 모든 공공기관은 매 정부 때마다 혁신을 추진하듯이 추진하고 있을 것이다. 어떤 공공기관은 적극적으로 어떤 기관은 느슨하게, 어떤 기관은 실행력을 담보하면서, 어떤 기관은 숙제하듯이 혁신을 추진하고 있다. 수많은 공공기관이 혁신을 추진 한다고 해서 동일한 혁신의 성과를 내는 것은 아니다. 기관의 유형과 규모, 특성, 리더십, 조직문화, 지역적 여건, 산업적 상황 등 혁신성과에 영향을 주는 요소가 다양하기 때문이다.

이번정부가 추진하는 공공기관 혁신이 실효성 있는 성과로 귀결되기 위해서는 공공기관의 경영전략과 정부혁신 추진전략과의 세밀한 연계방안을 고민하고 수립해야 하는데 공공기관의 실제사례를 살펴본 결과 몇 가지 시사점을 도출하게 되었다.

중앙정부, 지방정부의 다양한 혁신정책과 공공기관이 경영전략과의 관계를 어떻게 연계할 것인가? 이번정부가 추진하는 「정부혁신」 정책인 사회적 가치 중심 정부, 참여와 협력, 신뢰회복과 「공공기관 혁신가이드라인」 에서 공공성강화, 소득주도성장, 혁신성장, 공정경제, 신뢰회복과 「공공기관 경영평가」 기준 중 사회적 가치 구현 평가지표 하위에 일자리 창출, 균등한 기회와 사회통합, 안전 및 환경, 상생협력 및 지역발전, 윤리경영과 같은 공공기관 혁신에 직접적 영향을 주는 정책들을 공공기관에 내재화하기 위해 기관 혁신전략체계를 수립하여 추진하고 있다. 공공기관의 공공서비스 공급 운영원리로 혁신의 핵심키워드인 사회적 가치라는 새로운 표현의 정의와 이해에 대해 상당한 혼란이 있어 왔고, 이를 어떻게 이해하고 경영전략체계에 변화를 줄 것인가?에 대해 많은 공공기관이 어려움을 느껴왔다. 실제로 공공기관의 전사 경영전략체계와 혁신전략체계를 살펴본 결과 다양한 형태로 수립되고 운영되고 있음을 알 수 있었고 세 가지지 시사점을 도출하였다.

첫째, 공공기관 혁신전략 수립 시 정부정책기준을 혼용하여 경영전략 및 혁신전략을 수립하고 있음

둘째, 전사경영전략과 혁신전략과의 연계성을 고려한 기관도 있지만 별도의 혁신전략을 수립하고 있음

셋째, 열린경영(지속가능경영, 사회책임경영, 동반성장, 윤리경영, 환경경영, 에너지경영, 고객만족경영) 등과 혁신전략과의 관계성을 고려할 필요가 있음

상기 공공기관의 경영전략체계와 혁신전략체계, 하위 열린경영 전략체계를 효과적으로 연계하고, 혁신피로도를 줄이면서 정부혁신과 기존 경영전략을 고려하여 일관성, 체계성, 실효성, 공공성, 혁신성이 담보되는 혁신전략체계가 수립·운영될 필요가 있다.

공공기관의 경영목표와 혁신전략체계를 연계한 사회적 가치 창출방안으로 내·외부 혁신방향에 자극을 줄 수 있는 혁신네트워크 구축과 기관혁신, 개인혁신이 연계되어 운영될 때 공공기관의 혁신체계가 작동된다고 할 수 있다.

현재 대다수의 공공기관은 관련기관·조직·단체와 mou체결 및 산·학·연·민 각종 위원회 등을 운영하고 있으나 형식적인 운영이 많다. 이를 개선하고 국민과, 기업, 공공기관이 공급하는 공공서비스이 직간접적인 이해관계자와 같이 협업할 수 있는 협력네트워크 구성 및 운영이 필요하다. 또한 정부혁신이 공공기관에 내재화되기 위해서는 정부의 다양한 혁신정책이 공공기관의 운영내규와 연계하여 작동 될 수 있는 구조로 수정·보완되어야 한다. 정부혁신–공공기관혁신의 성패는 공공기관 협업종사자들의 개인혁신이 이루어 질 때 가능 할 것이다. 이를

유인하기 위해서는 공공기관이 기존에 구현해온 공공가치에 공공성 강화 측면에서 공익과 공동체 발전에 기여할 수 있는 가치를 만들어야 한다는 공감을 넘어서 맡은 일을 수행함에 있어 사회적 가치가 창출 될 수 있도록 실제적으로 일하는 방식의 변화를 유인해야 한다는 것을 의미한다. 이를 위해서 세밀한 기획을 통해 교육과 워크숍이 진행될 필요가 있다. 이를 정리하면 다음과 같다.

첫째, 네트워크(거버넌스)혁신 - 공공기관의 사회적 가치 구현을 위한 혁신네트워크 조성과 실제적 운영

둘째, 기관혁신 - 정부혁신정책 수용을 위한 공공기관의 내부규정과 절차 수정보완 운영

셋째, 개인혁신 - 일선담당자들의 변화 관리를 위한 구체적인 교육프로그램 및 사회적 가치 창출 업무가이드라인 운영

정부가 추진하는 공공기관 혁신정책이 새로운 업무 부담이 아닌 국민의 요구와 시대적 변화에 대응하는 자연스러운 변화라는 인식이 전사적으로 공감되고, 세밀한 경영혁신전략체계 구축 되어야 한다. 혁신이 작동될 수 있는 체계 구축은 조직혁신·업무혁신성과와 더불어 공공기관이 공급하는 공공서비스혁신과 해당분야 산업혁신의 성과로 귀결되어야 할 것이다. 더 나아가 주요이해관계자가 체감할 수 있는 성과를 만들되 객관적으로 증명하는 노력도 필요할 것이다.

CHAPTER 03

서울주택도시공사, 혁신에 나서다

윤진호

| 現 중구 문화재단 |

| 前 SH 미래전략실 |

서울주택도시공사, 혁신에 나서다

윤진호(現 중구 문화재단 / 前 SH 미래전략실)

지방자치단체가 직접 설치·경영하거나 법인을 설립하여 경영하는 지방공기업은 19.1.31일 기준으로 405개에 달한다. 지방공기업은 상수도, 하수도, 도시철도공사, 도시개발공사, 특정공사·공단, 관광공사, 시설관리공단, 환경시설공사·공단 등 8개 유형으로 분류된다. 지방공기업의 목적을 지방공기업법에서는 '경영을 합리화함으로써 지방자치의 발전과 주민복리의 증진에 이바지하는 것'이라고 제시하고 있다.

많은 지방공기업들이 창립목적에 맞는 자기 사업을 묵묵히 추진하면서, 국민생활의 향상에 기여하고 있는 것이 사실이지만, 동시에 조직보호와 관료적 조직운영으로 인한 낮은 생산성, 수익성 중시에 따른 공공성의 약화, 하청업체에 대한 갑질, 국민에 대한 서비스 정신의 결여 등 많은 문제점을 드러내고 있는 것도 사실이다. 지금 지방공기업들이 창립목적을 실현하기 위해 조직을 혁신하며, 공적 기능을 적극적으로 확대하기 보다는 조직을 보호하고 최소한의 역할에 안주하는 방어적 경영을 하게 된 데는 정부의 규제와 감사, 행정과 의회의 이중적 견제에 의해 자율성이 제약된 제도적 원인과 함께 리더십, 성과평가, 인사, 교육, 조직문화, 노조 등 내부적 원인도 크게 작동했다고 볼 수 있다.

2018년 공공기관장 워크숍에서 대통령은 "현장에서 국민과 진정으로 소통하고 어려울 때 힘이 되어야 할 공공기관이 채용과 입찰과정에서의 비리, 위탁업체에 대한 갑질, 피감기관에 대한 과도한 의전 제공 등으로 국민들에게 큰 실망을 주고 있다. 이런 문제가 발생한 데는 효율과 수익 극대화를 최우선으로 했던 정부와 사회에도 책임이 있다. 정부의 불필요한 지침과 규제를 대폭 정비하고, 기관은 본연의 업무를 중심으로 공공성을 강화하자. 기관장들이 리더십을 가지고 국민들과 소통하면서 공공기관 혁신에 나서달라"고 주문했다. 하지만 사업의 혁신, 업무의 혁신이 결국 조직의 혁신과 맞물리지 않고서는 달성될 수 없다고 할 때, '조직의 혁신'에 대한 방향이 제시되지 않은 것은 매우 아쉬운 일이다.

지방공기업은 '국민의 일상과 가장 가까이에 있는' 조직이다. 국민의 생활현장에서 공공서비스를 제공하고 있는 지방공기업의 현실을 살펴보면, 정부가 국민들의 삶을 위해 어떤 역할을 하고 있는지, 정부혁신이 제대로 이루어지고 있는지를 가늠해 볼 수 있기도 하다. 2018년 3월 정부가 발표한 <정부혁신 종합 추진계획>이 어떻게 실행되고 있는지를 살펴보기 위해 지방공기업인 서울주택도시공사의 혁신계획과 추진과정을 사례로서 들여다보자.

1. 서울주택도시공사는 어떤 지방공기업인가?

서울주택도시공사는 1989년에 설립된 서울시 산하 지방공기업이다. 1988년 12월 28일 설치조례부터 2018년 5월 3일 개정된 가장 최근의 조례까지 공사의 설립목적은 변하지 않고, "택지의 개발과 공급, 주택의 건설, 개량, 공급 및 관리 등을 통하여 시민의 주거생활 안정과 복지향상" 에 기여한다는 것이다.

다만, 수행하는 사업의 범위는 크게 확대되었다. 설치 조례에 명시된 기본 업무는 다음과 같다.

1. 토지의 취득, 개발 및 공급
2. 주택의 건설, 개량, 공급, 임대 및 관리
3. 집단적으로 주택을 건설, 개량, 공급 또는 관리하는 경우에 있어서 필요한 복리시설의 건설, 개량, 공급 및 관리
4. 시장이 지정하는 구역의 재개발사업
5. 도시기반시설 등 도시계획사업의 시행
6. 국토이용관리법에 의하여 행하는 유휴지의 매수, 토지의 선매와 수도권정비계획법에 의하여 행하는 매수청구를 받은 이전적지의 매입 및 기타 토지의 매매수탁
7. 건설자재의 생산 및 공급
8. 국가 또는 지방자치단체로부터 위탁받은 업무
9. 제1호 내지 8호의 업무에 부대되는 업무
10. 기타 도시개발과 관련이 있는 사업

2017년 9월 21일 개정되어 지금도 유지되고 있는 조례상의 사업 범위는 다음과 같다.

1. 토지의 취득, 개발, 비축, 공급(분양 또는 임대) 및 관리
2. 주택 등 건축물의 건설, 개량, 공급(분양 또는 임대) 및 관리
3. 집단적으로 주택을 건설, 개량, 공급 또는 관리하는 경우에 있어서 필요한 복리시설의 건설, 개량, 공급 및 관리
4. 「도시 및 주거환경정비법」에 따른 정비사업
5. 「도시개발법」에 따른 도시개발사업
6. 「역세권의 개발 및 이용에 관한 법률」에 따른 역세권개발사업

7. 「산업입지 및 개발에 관한 법률」에 따른 산업단지 개발사업 및 재생사업과 「산업집적활성화 및 공장설립에 관한 법률」에 따른 산업단지 관리업무
8. 「전통시장 및 상점가 육성을 위한 특별법」에 따른 상권활성화 사업 및 시장정비사업
9. 「도시재정비 촉진을 위한 특별법」에 따른 재정비촉진사업
10. 「도시재생 활성화 및 지원에 관한 특별법」에 따른 도시재생사업
11. 도시기반시설 등 도시계획사업의 시행
12. 주거복지사업
13. 「관광진흥법」에 따른 관광지 등의 개발, 운영 및 관리
14. 「부동산개발업의 관리 및 육성에 관한 법률」에 따른 부동산 개발업
15. 산업거점개발사업 등 지역경제활성화에 기여하는 사업
16. 국가 또는 지방자치단체로부터 위탁받은 업무
17. 시장의 승인을 받을 해외건설사업
18. 제1호부터 제16호까지의 업무에 해당하는 외자유치 및 외국인투자사업
19. 제1호부터 제17호까지의 업무에 부대되는 사업(설계 및 감리를 포함한다)
20. 그 밖에 도시개발과 관련이 있는 사업

서울주택도시공사는 이제 토지를 개발, 공급하는 것뿐만 아니라 비축하는 것도 가능해졌고, 주택뿐만 아니라 ,주택 이외 건축물을 공급하는 것도 가능해졌다. 또한 산업단지 개발, 상권 활성화, 시장정비, 관광지 개발, 해외건설사업 등 다양한 사업을 수행할 수 있게 되었다.

2. 서울주택도시공사는 왜 혁신해야 하는가?

서울주택도시공사와 같은 지방 공기업은 왜 혁신해야 하는가? 그리고 무엇을 혁신해야 하는가? 어떻게 혁신해야 하는가?

지방공기업이 혁신해야 한다는 요구는 서비스를 받는 시민들로부터, 지방공기업 내부로부터, 지방공기업을 관리하는 행정으로부터 제기되고 있다. 따라서 혁신의 방향도 시민, 지방공기업 내부, 행정의 요구로부터 다양하게 나오고 있다.

서울주택도시공사에 대한 시민들의 요구를 알아보기 위해 공사의 전자민원을 분석해 보면, 시민들은 늦장 대응과 불친절의 문제를 지속적으로 지적하고 있다. 또한 주택공급에서 어르신들이나 신혼부부 등 주거 취약계층에 대한 배려가 있어야 한다고 요구하고 있다.

공사전자민원 분석 결과

*"아파트 누수로 지난 7월에 불편신고를 접수하여 지금 2달째 고충을 겪고 있는…" –김*희*
*"수리해준다는 말만 하고 아직 언제쯤 수리보수 해준다는 소식이 없어서 답답하고…" –윤*영*
*어렵게 사시는 노인들이 너무나 안타까워 조금이나마 사회적 약자에 대한 배려를 해야… –윤*학*
*강남권에 일하는… 신혼부부를 배려해 주는 것이 진정한 행복주택의 모습이 아닐까… –계*희*
*"알아보려 하지도 않고, 들으려 하지도 않으면서… 불친절합니다." –최*나*
*"불친절한 관리실 실장님의 일처리와 집의 누수 문제로 이사를 가야하나 고민중입니다." –김*아*

2019년 1월 30일 "서울주택도시공사 미래발전 방향을 위한 시민원탁토론회"에 참여한 시민들은 "세분화되고 있는 주거 및 공간복지 요구에 맞춰, 다양하게 주택과 주거서비스를 공급해야 한다", "저소득층 주거안정을 위해 주택을 적극적으로 공급해야 한다", "부정입주자에 대한 관리를 강화해야 한다"는 지적을 했고, 이를 위해서 "공급과 수요 지표 개발, 토지보상 직원의 전문성 강화, 서울시 및 자치구에 대한 독자성 확보 등 공사의 전문성을 강화해야 한다", "시민참여 주거복지 거버넌스를 구축해야 한다", "정보공개 시스템을 확대하여 투명성을 강화해야 한다"는 해결방향을 제시했다. 토론회에 참여한 시민들의 요구를 요약해

보면, “주거복지를 위한 다양한 주택공급과 주거서비스 확대, 공사의 전문성과 기획력의 향상, 거버넌스의 구축, 경영투명성의 강화”이다.

시민들의 의견과 함께 직원들의 의견도 살펴보자.

2018년 12월 19일 “서울주택도시공사 미래비전 직원 대토론회”에서 직원들은 “수익성과 공공성을 동시에 충족시킬 지속가능방안 강구”, “변화되는 공공주택사업에 대응”, “신규사업 추진에 필요한 재원발굴”, “30년을 책임질 공사 및 직원의 전문성 육성”이 필요하다는 의견이었고, 이를 실현하는데 “비효율적인 업무 시스템, 불합리한 인사, 장기비전의 부재, 경직되고 소통이 안 되는 적당주의 조직문화” 등이 가장 큰 걸림돌이라고 지적하였다.

서울주택도시공사는 자신을 ‘서울시민을 위해 주거복지서비스를 제공하는 공기업이다’라고 인식하면서도, ‘서울시가 추진하는 정책을 실행하는 조직이다’라고 자신을 인식하는 면이 훨씬 강하다. 그러다 보니 시민들에게 서비스를 제공하는 시민기업으로서, 자기 스스로의 기준을 세워서 공공서비스를 지속적으로 개선하고 확대해 공급하기 보다는 서울시가 요구하는 것을 실행하는 최소 기준을 가지고 조직을 운영한다. 즉 시민이 만족하는 최대 기준을 가지고 지속적인 혁신을 추진하는 것이 아니라, 서울시 행정이 만족하는 최소 기준을 가지고 ‘어느 정도 선에서’ 적당히 사업을 추진한다. 서울시민의 요구와 서울시 행정의 요구가 항상 충돌한다고만 볼 수는 없지만, 서로 긴장이 발생하는 지점이 있는 것도 엄연한 사실이다. 공사가 주도적으로 사업을 서울시에 제안하는 경우도 간혹 있지만, 대부분은 서울시가 추진하는 정책을 어떻게 실행할 것인가에 초점을 맞추다 보니, 공사 스스로 사업을 기획하는 역량은 발달하지 못하고, 서울시가 기획하는 사업을 실행하기 위한 실무역량만 발달해 왔다. 취약한 공기업 기획역량은 지방공기업의 자율성을 축소시키는 공기업 내부의 조직적 한계로 악순환 되고, “시키는 일이나 잘하자”는 수동적인 조직문화로 정착된다. 이는 “열심히 해 봤자, 감사만 받는다"는 패배주의와 "열심히 하나 안하나 평가나 승진은 똑같다" 등 비성과주의와 맞물리며 조직을 정체시킨다.

조직의 정체는 곧 업무와 서비스의 정체를 낳는다. 조직을 혁신하지 않고는 업무와 서비스를 혁신할 수 없다. 어떻게 해서 조직이 정체된 것일까? 어떻게 해야 이를 극복할 수 있을까? 어떻게 해야 시민들의 생활을 향상시키기 위해 지속적으로 공공서비스를 확대 공급하는 혁신을 이루어 낼 수 있을까?

공사가 정체된 원인을 서울시 행정, 서울시 의회, 공사 내부, 서비스를 이용하는 입주민, 시민 등 다수의 이해관계자 차원에서 찾는 일이 쉬운 일은 아니다. 서울시 행정과 공사, 서울시 의회와 공사, 공사와 입주민, 공사와 시민 사이의 관계에서 공사의 정체를 낳은 가장 중요한 관계는 무엇인가? 공사가 행정의 하부 실행기관이 아니라, 시민들에게 공공서비스를 제공하기 위한 파트너가 되기 위해서는 어떤 관계를 제도적으로 형성해야 하는가? 의회의 감시와 견제가 공사의 문제점을 시민의 입장에서 개선하는 동력으로 작동하면서, 동시에 공사의 자발성과 활력을 유지하게 하려면 어떤 방식으로 감사가 진행되어야 하는가? 공적임대주택 입주자들이 주거복지의 수혜자에서, 주거복지의 파트너로서, 임대주택 운영에 참여할 수 있는 방법은 무엇인가? 시민들이 공사와 공동으로 공적임대주택 정책을 계획하고 실현할 수 있는 거버넌스는 어떻게 구축할 수 있는가?공사의 관료주의와 보수적 조직문화를 혁신할 수 있는 방법은 무엇인가? 이러한 질문들이 사회적 가치 기반의 공사 혁신을 통해 풀어 나가야 할 과제들이다.

3. 서울주택도시공사는 그동안 어떤 사회적 가치를 창출했는가?

사회적 가치 중심의 공기업 혁신이 공기업의 사업에 미치는 영향은 두 가지다.

첫째, 기존에 해오던 사업을 사회적 가치의 관점에서 사업의 의미와 중요성을 재해석하고 이에 맞춰 자원을 재배치하게 된다. 사회적 가치 중심의 공기업 혁신이 새로운 사업들만 기획하고 추진해야 하는 것은 아니다. 사회적 가치를 실현한다고 하지는 않았지만, 실질적으로는 사회적 가치를 창출해 온 사업들이 이미 많다. 다만 사회적 가치의 의미를 가지고 기존 사업들을 들여다 볼 때, 사업의 의미를 재해석하게 되고, 재해석을 통해 보다 중요하게 부각된 사업들에 인력과 예산을 더욱 집중적으로 투입하게 된다. 둘째, 공공이익과 공동체 발전을 위해서는 해야 했으나, 경제적 이익 중심으로 볼 때 추진할 수 없었던 몇몇 사업을 새롭게 추진할 수 있게 된다. 경제적 이익이 적더라도, 사회적 이익이 큰 사업들은 공공기관이 책임지고 추진해야 한다. 만성적 재정적자와 방만한 재정운영에 대한 비판적 대안이 반드시 제공해야 하는 공공 서비스 사업을 하지 않아도 된다는 것은 아닐 것이다.

서울시 산하 공기업과 투·출연기관의 창립목적을 살펴보면, "공공 이익과 공동체 발전에 기여할 수 있는" 사회적 가치를 명시적으로 표현하고 있지는 않더라도, 실질적으로 "공공 이익과 공동체 발전에 기여하는" 사업을 추진해 왔다는 것을 알 수 있다.

- 서울교통공사: 안전하고 신속한 대중교통 수단을 제공함으로써 시민의 복지증진에 기여
- 서울에너지공사: 친환경 에너지의 이용, 보급 및 기술개발을 촉진하고 지속가능한 에너지로의 전환 및 시민의 삶의 질 향상에 이바지
- 서울시 농수산식품공사: 안전하고 믿을 수 있는 농수산물 및 농수산품의 원활한 유통을 도모하고 적정한 가격을 유지하게 함으로써 국민생활의 안정에 기여
- 서울문화재단: 시민의 자율적인 문화예술활동을 진작시켜 서울의 문화예술

진흥을 도모하기 위하여 문화예술진흥과 시민의 문화예술활동 지원

- 서울복지재단: 시민의 다양한 복지수요에 부응하고 복지서비스의 전문성을 증진하여 시민에게 내실있는 사회복지서비스를 제공

서울시 산하의 다른 공기업처럼 서울주택도시공사도 "시민의 주거생활안정과 복지향상"을 창립목적으로 삼고, 이를 실현하기 위한 다양한 사업들을 추진해 왔는데, 이는 사회적 가치를 창출한다는 명시적 목적을 달성하려 한 것은 아니지만, 실질적으로는 많은 사회적 가치를 창출해 온 것이다. 공사가 지금까지 추진해 온 주요 사업들의 성과를 사회적 가치라는 면에서 아래 표와 같이 정리해 보았다. 2019년에 공사가 향후 수립할 <사회적 가치 실현 기본계획>에서 보다 자세히 평가하겠지만 대략적으로 정리해 보면, 공사는 그동안 공동임대주택 건설, 일자리 창출 등에서 큰 성과가 있었고, 청렴, 시민참여, 지역사회 공헌을 실현하는데 부족했다.

서울주택도시공사는 창립 30년 동안 서울시 전체 면적의 3.3% 수준에 이르는 20.1㎢를 개발했다. 또 19만 5천호의 주택을 건설했고, 19만 4천호의 공공임대주택을 현재 관리하고 있다. 이 과정에서 많은 일자리를 만들었다. 공사의 가장 큰 성과다.

시민참여는 일시적이고 형식적 수준에서 지속적이고 실질적인 거버넌스 수준으로 발전되어야 하고, 지역경제 활성화는 선언에 머무르지 않고 각종 사업의 일관된 지침으로 녹여서 올해는 구체적인 성과를 만들 필요가 있으며, 지역사회 공헌 관련 사업도 부분사업이 아니라 전체사업으로 전환될 필요가 있다는 것도 드러났다.

연번	사회적가치	성과	과제
1	인권(성차별 등)	SH인권위원회(3개 소위원회) 설립 운영, 고독사 예방 지킴이(45세대) 찾아가는 마음건강 서비스(67명 890	인권전담부서 통합 운영 여성간부 양성 등 양성평등 조

연번	사회적가치	성과	과제
		회 지원)	직 실현
2	안전	재난위험시설물(청룡스카이, 강남아파트) 정비, 안전점검(42개 현장, 12회) 및 사고발생모의훈련, 설계의 안정성 검토 시행(12개 단지)	안전관련조직, 예산, 인력 정비 방재 및 안전한 주택 건설
3	주거(보건)복지	임대주책 20만호 공급 및 관리, SH주거복지센터(25개소)운영 (상담, 주거비지원, 교육, 네트워크 활동 등), 작은도서관 46개 설치, 주거브랜드 "SH행복둥지"개발, 임대주택 나눔카사업 실시(72개 단지)	주거취약자를 위한 임대주택 추가공급 임대주택을 거점으로 주거복지서비스 확대
4	노동, 근로조건 향상	임대단지 근로환경 개선(경비근로자 휴게실, 197개 단지), 협력업체 정례간담회, 근로시간 단축 환경 조성(유연근무제, 전환형 시간선택제 등)	교육체계 및 시설(교육원) 구축 전환형 시간선택제 등 유연근로 확대
5	사회적 약자 보호 기회 제공, 통합	홈리스 지원주택시범사업(46호), 서울형 주택바우처 지급, shdiw가 찾아가는 주택상담(분기별 1회), 저소득가구 난방효율개선(9,363가구)	지원주택 등 취약계층 주거지원 확대 주거복지서비스 확대
6	기업간 상생협력	중소기업자재 구매 의무화, 도시재생 마을기업 및 사회적기업 육성지원, 설계자 협업 정례화(32건), 건설공사 하도급자 간담회(17회)	공사소유 기술특허 등 기술공유확대 사회적 기업 물품구매 등 사회적 경제육성 확대
7	일자리 창출	임대주택건설, 입주민 창출(67개 단지, 5,291개, 희망돌보미 등), 비정규직(주택관리)을 주거복지직으로 정규직 편입, 특정직 임금 인상, 도전숙 등 1인 기업 및 문화예술인 지원, 해외정책사업 수출 추진(민간협력)	주거복지 관련 양질의 일자리 창출 소상공인을 위한 일자리 기반시설 공급 4차 산업혁명 대응 산업기반시설 조성사업 추진
8	지역사회 공헌	공동체 코디네이터 운영(13명), 입주민 커뮤니티 형성, 공공위탁관리사업(2개소), 사회공헌활동(3개분야 31개 사업)	임대단지 시설공유 등 지역사회 공헌 확대 지역문제 해결을 위한 자치구 협력사업 확대
9	지역경제 활성화	도시재생 사업모델 개발, 도시재생뉴딜사업 참여(4개소 제안), 마곡산업단지 조성 및 운영, 사유지 등 위탁개발사업 추진	마을기업 등 지역 소상공인 협력사업 확대 지역경제 동반성장 체계구축 필요
10	청렴, 사회적 책임	11개 지역센터 유지보수 담당자 순환인사 단행, 청렴결의대회('18.04) 고찰반복 하자예방 점검단 운영(12개단지), 시공평가·사전준공검사(36회)	비리, 갑질 척결 등 청렴도 향상 사회적 가치 실현을 위한 공익사업 확대
11	환경보전	태양광 미니발전소 보급(1만기), 미세먼지 저감 추진(거여6외), 제로에너지 주택 시범단지 조성, 에너지절약 설계 단열기준 개선 방안 수립	에너지 절약 및 에너지 복지사업 확대 기후변화 대응 제로에너지 주거단지 조성 등
12	시민참여	공사장 인근 주민현장 참여제, 단계별 원주민 재정착 활성화 추진, 입주민 소통 워크숍(34회), 입주민과 함께하는 수목유지관리(12개 단지)	실질적인 시민참여를 위한 체계 구축 개방적이고 자유로운 소통채널 확대

4. 서울주택도시공사는 무엇을 혁신하려 하는가?

2018년 10월 10일 <서울시 투자·출연기관 경영혁신 보고 대회>에서 서울주택도시공사는 “시민주주기업”을 비전으로 하고, 청렴경영, 조직혁신, 시민참여, 주거생활 안정, 지역사회 공헌, 지역경제 동반성장, 양질의 일자리 창출 이라는 7대 가치를 실현하는 14개 혁신 실행 계획을 발표했다.

행안부의 지방공기업 혁신 가이드라인(18.7)에 제시된 12가지 사회적 가치를 참조하고, 공사의 설립목적, 시민들의 요구, 국정 및 시정 기조를 종합적으로 고려하여 공사가 추구해야 하는 중심적인 사회적 가치를 청렴경영, 조직혁신, 시민참여, 주거생활 안정, 지역사회 공헌, 지역경제 동반성장, 양질의 일자리 창출, 7가지로 정하였다.

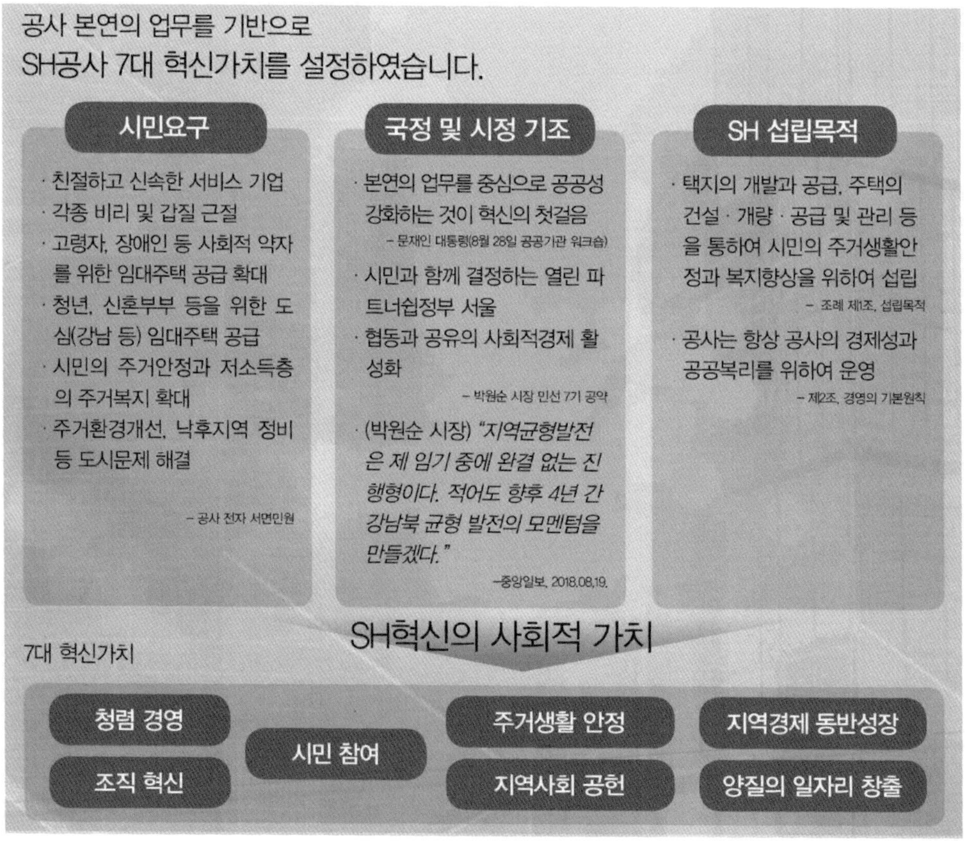

그리고 시민신뢰를 얻고, 시민참여를 통해 시민생활의 향상과 일자리 창출에 기여하는 <시민주주기업>을 혁신의 비전으로 정하였다.

혁신비전 <시민주주기업>을 실현하기 위한 14가지 실천과제는 아래와 같다

1. 갑질과 비리의 싹을 잘라 시민 신뢰를 회복하는 일부터 시작하겠습니다.
2. 보상 비리를 일벌백계하고 원천 차단하겠습니다.
3. 늑장 대응과 불친절을 근절하겠습니다.
4. 일하는 사람이 대우받는 조직을 만들겠습니다.
5. 시민 소통·현장 중심의 사회적 가치 실행 조직을 신설하겠습니다.
6. 시민 주주 기업으로 혁신해나가겠습니다.
7. 사업의 모든 과정을 시민과 함께하겠습니다.
8. 총 가구의 5분의 1을 공적 임대주택으로 확보해 서울시 주택 시장 안정에 기여하겠습니다.
9. 주택 품질 개선으로 주거 생활의 기준선을 높이겠습니다.
10. 빈집 재생 사업으로 주거 환경 악화에 선제적으로 대응하겠습니다.
11. 공공임대주택단지를 시민의 공기 청정 지대로 조성하겠습니다.
12. 공공임대주택 공동 시설을 지역사회와 공유하는 공간 복지를 실현하겠습니다.
13. 도시재생사업으로 지역 재생 기업을 육성하고 골목 경제를 활성화하겠습니다.
14. 산업 재생 거점 시설의 계획, 건설에서 운영까지 책임지겠습니다.

혁신목표	혁신과제	번호	혁신과제명	혁신지표	담당부서
시민 신뢰	청렴경영	01	갑질과 비리의 싹을 잘라 시민신뢰를 회복하는 일부터 시작하겠습니다.	- 중앙 전담조직 신설 - 리그제 시행	시설관리처
		02	보상비리를 일벌백계하고 원천차단 하겠습니다.	- 보상업무 단계별 비리방지대책 구축	보상처
		03	늑장대응과 불친절을 근절하겠습니다.	- 서비스대응 5일 → 1일 단축 - CS 성과 평가체계 구축	시설관리처
	조직혁신	04	일하는 사람이 대우받는 조직을 만들겠습니다.	- 인사제도 혁신 - 경력개발제도 운영	인재개발처
		05	시민소통 · 현장중심의 사회적 가치 실행조직을 신설하겠습니다.	- 사회적 가치 실행조직 신설	기획조정실
시민 참여	시민참여	06	SH공사를 시민주주기업으로 혁신해 나가겠습니다.	- 연2회 주주총회 개최	미래전략실
		07	사업의 모든 과정을 시민과 함께 하겠습니다.	- 시민협력 현황 공시체계 구축	미래전략실
시민 생활	주거생활 안정	08	총가구의 1/5을 공적임대주택으로 확보하여 서울시 주택시장 안정에 기여하겠습니다.	- 공적 임대주택 19만호 추가공급	건축설계처
		09	주택품질 개선으로 주거생활의 기준선을 높이겠습니다.	- 청년, 신혼부부 임대주택 3만호	건축설계처
		10	빈집재생사업으로 주거환경악화에 선제적으로 대응하겠습니다.	- 빈집 1,000호 재생 및 임대주택 4,000호 공급	건축설계처
	지역사회 공헌	11	공공임대주택단지를 시민의 공기청정 지대로 조성하겠습니다.	- 임대전용 213개 단지에 조성	미세먼지대책 추진단(시설관리처)
		12	공공임대주택 공공시설을 지역사회와 공유하겠습니다.	- 공동시설 20개 단지 공유 - 나눔카 120개 임대 주택(단지)	주거복지사업처
시민 일자리	지역경제 동반성장	13	도시재생사업으로 동네 기업을 육성하고 골목 경제를 활성화하겠습니다.	- 지역재생기업 70개 육성	도시재생기획처
	양질의 일자리 창출	14	산업재생 거점시설의 계획, 건설에서 운영까지 책임지겠습니다.	- 산업재생 지원기반 구축 및 센터 설립	공공개발사업처 (기획조정실)

서울주택도시공사 혁신안의 몇 가지 특징을 살펴보자.

첫째, 공사는 창립목적인 "주거생활안정" 자체를 공사가 가장 중점적으로 실현해야 하는 사회적 가치로 정하였다. "주거생활안정"은 헌법 제35조 제3항 "국가는 주택개발정책을 통하여 모든 국민이 쾌적한 주거생활을 할 수 있도록 노력하여야 한다"에서 보장하고 있는 국민 기본권이며, 정부가 <정부혁신 종합계획>에서 제시하고 있는 사회적 가치 중 첫 번째 가치 "인간의 존엄성을 유지하는 기본권리로서 인권의 보호"에 해당되기도 한다. 공사는 "주거생활안정"이라는 사회적 가치를 실현하기 위해 "총가구의 1/5을 공적임대주택으로 확보하여 서울시 주택시장 안정에 기여하겠습니다"를 혁신 과제로 정했다. 이는 공사가 창립 30년 동안 서울시 전체 면적의 3.3% 수준에 이르는 20.1㎢를 개발하고, 19만 5천호의 주택을 건설하고, 19만 4천호의 공공임대주택을 관리하고 있지만 아직 까지도 시민들은 주거생활을 안정화하지 못하고 있다는 뼈아픈 반성으로부터 출발한 것이다. 공사는 2022년까지 공적임대주택을 24만호 더 공급할 뿐 아니라, 2030년까지 공적임대주택 19만호를 추가 공급해서 전체 주택의 20%를 공적임대주택으로 확보하는 것을 목표로 정했다. 이는 "주거생활안정"이라는 사회적 가치를 사업목표로 숫자화한 것이다. 이처럼 지방공기업들의 창립목적에 깃들어있는 사회적 가치를 재확인하고, 이를 구체적인 사업목표로 제시하는 것이 혁신안을 만드는 데서 중요하다.

둘째, 사업 혁신과 함께 업무 혁신, 조직 혁신을 중요하게 다뤘다. 업무를 바꾸지 않고서, 조직을 바꾸지 않고서, 사업을 바꿀 수는 없다. 공사 혁신안 1~7번 과제가 업무 혁신, 조직 혁신에 해당하는 과제이고, 8~14번 과제가 사업 혁신에 해당하는 과제이다. 일하는 사람이 대접받는 조직을 만드는, 혁신 실행조직을 신설하고 자원을 집중 배치하는, 시민이 직접 시설물 보수공사 업체를 선택할 수 있는 시스템을 운영하는, 서비스 대응 기한을 10일 줄이는 업무체계를 도입하는, 시민이 주주의 권한을 가지고 경영에 참여할 수 있는 체계를 만드는, 시민협력 현황을 관리하는 체계를 구축하는, 조직 혁신, 업무 혁신이 일어나야 전체 가구의 20%를 공적임대주택으로 확보하는, 빈집을 재생하는, 주택품질을 개선하는 사업의 혁신을 이룰 수 있다. 이는 다른 서울시 투출연 기관 혁신안 대부분이 사업 혁신 과제만을 다루는 것과 뚜렷이 대비되는 특징이다.

셋째, 공기업에서 시민주주기업으로의 전환을 목표로 하고 있다.

그동안 정부가 지방공기업에 대한 지방자치단체의 규제와 관리를 축소함으로써 지방공기업의 자율성을 확대하겠다고 지속적으로 발표해 왔으나 현장에서 느끼는 자율성은 아직까지 빈약하기만 하다. 지금과 같이 지방공기업이 지방자치단체의 하부 실행조직으로서 관료적인 경직성을 그대로 유지한다면 혁신과 효율은 기대할 수 없을 것이다. 물론 지방공기업의 공공성을 실현하고 방만한 경영을 합리화하기 위해서 규제와 관리는 필요하다. 문제는 어떻게 규제하고 관리해야 지방공기업의 효율성이 발휘되고, 혁신성이 실현되는 경영을 실현할 수 있는가이다. 시민주주기업은 이러한 변화를 실현하기 위한 하나의 개념으로 제시되었다. 즉 지방자치단체와 시민이 함께 지방공기업을 규제하고 관리하는 방안을 찾아보자는 것이다. 그것이 지방자치단체만이 지방공기업을 규제하고 관리하는 것보다는 상대적 자율성을 지방공기업에게 줄 수 있지 않겠는가 하는 문제제기다. 시민주주기업은 시민이 소유하고, 시민생활을 위해 기여하며, 시민이 경영하는 기업이다. 시민주주기업은 서울시 행정과 의회에 대한 지방공기업의 상대적 자율성을 높이고, 시민에 대한 책임성을 강화하기 위해, 시민(기금) 출자를 허용하는 형태의 소유구조 변화를 장기적으로 모색하자는 것이다. 단기적으로는 시민주주단을 구성하여 시민주주총회를 개최하고, 시민주주총회에서 사업에 대해 보고하고, 주민제안사업을 시민참여예산으로 결정하며 시민이사를 추천하는 등 경영권의 일부를 위임하자는 것이다. 노동이사로 사내이사를 확대하는 것과 함께 시민이사로 사외이사를 확대하는 것이 다양한 이해관계자의 이해를 공정하게 반영하는 방안이 될 것이다.

넷째, 혁신안과 경영전략을 연계했다.

서울주택도시공사는 2019년 2월 21일, 창립 30주년을 맞아, 향후 30년을 이끌어 갈 새로운 경영전략을 발표하였다. 공사는 경영전략에서 <도시공간의 사회적 가치 창출>을 미션으로, <스마트 시민기업>을 비전으로, <공적임대주택 20% 이상 달성 기여, 신성장사업 매출비중 30% 달성, 컨설팅 사업 매출비중 5% 달성, 사회적 가치 선도기업 실현, 아시아 최고 스마트 인재 육성>을 경영목표로 설정했다. 경영전략의 미션 <도시공간의 사회적 가치 창출>에 사회적 가치의 창출을 분명히 했을 뿐만 아니라 경영전략의 비전 <스마트 시민기업>과 혁신 비전 <시민주주기업>이 같은 "시민기업"으로 통합되어 있다. 또한 첫 번째 경영목표와 여덟 번째 혁신안이 <공적임대주택 20%이상 달성 기여>로 동일하며 네 번째 경영목표가 <사회적 가치 선도기업 실현>이다. 이처럼 서울주택도시공사의 경영전략은 혁신안과 깊은 연결되어 있다.

미션	도시공간의 사회적 가치 창출		
비전	스마트 시민기업		
핵심가치	우리는 시민의 행복을 위해 헌신한다. 우리는 시민기업 직원으로서 사회적 책임을 다한다. 우리는 도시문제 해결을 위해 새로운 도전을 두려워하지 않는다. 우리는 자율적으로 끊임없이 혁신한다.		
경영목표	공적임대주택 20% 이상 달성 기여	신성장 사업 매출비중 30% 달성	
	컨설팅사업 매출비중 5% 달성	사회적가치 선도기업 실현	아시아 최고 스마트 인재 육성

〈서울주택도시공사 신비전 및 중장기 경영전략, 2019.2〉

다섯째, 상설적인 혁신과제 관리체계를 구축하였다.

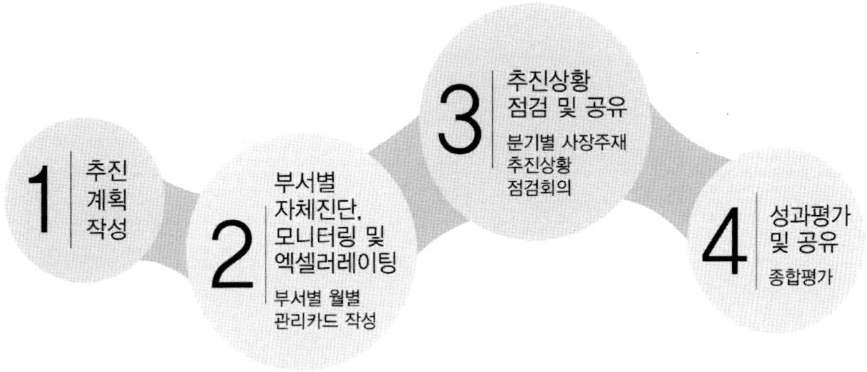

1. 추진계획 작성	2. 자체관리, 모니터링	3. 점검, 공유	4. 평가, 공유
연간단위(월별, 분기별) '18.11.22 제출	월별관리카드 작성 (담당부서 자체 진단) 매월말 제출	분기별 사장주재 추진상황 점검회의 회의자료 : 해당월 관리카드	서울시 평가(반기, 연간) 인센티브, BSC 가점부여

서울시 투자·출연기관 경영혁신 보고대회에서 14개 혁신과제를 발표한 이후 공사는 혁신과제에 대한 상시 관리 체계를 구축했다. 과제별 추진상황에 대해 담당부서가 월별 보고를 하고, 동시에 혁신총괄부서인 미래전략실이 현장 모니터링과 촉진 활동을 한다. 이를 분기별로 사장에게 직접 보고하고 평가하는 추진체계다. 그리고 이러한 혁신과제 추진결과를 성과평가와 연동할 예정이다. 2019년 1월 23일 사장이 주재하는 추진상황 점검회의가 개최되었다.

5. 서울주택도시공사는 혁신을 위해 앞으로 무엇을 해야 하는가?

서울주택도시공사는 14가지 혁신과제를 계획하고 상설적인 혁신과제 관리체계를 구축해서 혁신사업을 추진해 나가기 시작했다. 앞으로 공사가 계획한 대로 사회적 가치를 실현하는 혁신을 잘 이루기 위해서 꼭 필요한 몇 가지 과제를 추가적으로 정리해 보고자 한다.

가장 중요한 출발점은 과연 서울주택도시공사가 스스로 자신을 혁신할 의지를 갖고 있는지 확인하는 것이다.

혁신은 "묵은 풍속, 관습, 조직, 방법 따위를 완전히 바꾸어서 새롭게 함"이다. 그런데 지금 추진하고 있는 서울주택도시공사의 혁신은 공사 내부로부터 출발한 '혁신활동'이 아니라, 중앙정부로부터, 서울시로부터 즉 외부로부터 주어진 '혁신사업'이라는 것이다. 공사는 공사를 '혁신'하고자 하는 것이 아니라, 여느 일반사업처럼 또 하나의 '사업'으로 '혁신사업'을 추진하고 있는 것이다. 진정성을 가지고 내부의 의지로부터 '혁신활동'이 이루어지고 있지 않은데 혁신이 성공할 수 있을까?

혁신은 전체가 한꺼번에 이루어지는 것이 아니라 부분적인 모범사례로부터 출발해서 확산된다. 서울주택도시공사의 어떤 부문에서 모범이 만들어지고, 다른 부문의 모범으로 이어지고, 다양한 모범을 서로 배우면서 혁신은 공사 전체로 확산되어 간다. 마찬가지로 한 지방공기업의 혁신이 다른 지방공기업으로 번져 나간다. 그리고 각 공기업의 조건과 특성에 맞는 다양한 사례들이 나오고 그래서 서로를 배우면서 전체 혁신활동이 풍성해 진다.

서울주택도시공사는 창립30주년을 맞아 수립한 <신비전 및 중장기 경영전략>에서 다섯 가지 핵심가치를 발표하였다.

1. 우리는 시민의 행복을 위해 헌신한다
2. 우리는 시민기업 직원으로서 사회적 책임을 다한다
3. 우리는 도시문제 해결을 위해 새로운 도전을 두려워 하지 않는다
4. 우리는 자율적으로 끊임없이 혁신한다

다섯 가지 핵심가치는 이러한 가치가 현재 실현되지 않고 있다는 자각의 표현이고, 이러한 가치를 실현해서 경영목표를 달성하자는 의지의 표출이다. 네 번째 가치 '우리는 자율적으로 끊임없이 혁신한다', 역시 현재 '타율적으로 일하고 있으며 변화가 정체되어 있다'는 자각의 표현이고 이를 타파해서 '자율적으로 끊임없이 혁신해서 경영목표를 달성하자'는 의지의 표출이다.

그렇다면 혁신마저도 타율적으로 이루어지는 것이 아니라, 진정성을 가지고 자율적으로 추진하기 위해서는 무엇부터 해야 할까?

첫째, 혁신하려는 사람을 찾아 연결하고, 그들의 역량을 강화하고, 그들이 하고자 하는 변화가 이루어지고 확산될 수 있는 조건과 환경을 만들어야 한다. 모든 사람이 혁신에 대해 똑같은 입장과 태도를 갖는 것은 아니다. 혁신에 대해 적

극적인 사람과 소극적인 사람, 심지어 반대하는 사람도 있다. 혁신에 대해 적극적인 부서와 소극적인 부서, 심지어 반대하는 부서도 있다. 그래서 무엇보다 먼저, 혁신하려는 사람과 부서를 찾아 연결해야 한다. 혁신과 관련한 직원 토론회, 회의에서 적극적인 의지를 갖고 활동하려는 직원들이 찾고 이들을 연결해야 한다. 다음은 혁신하려는 직원들을 교육하고 훈련해야 한다. 지속적인 교육 프로그램이 혁신활동과 병행하여 추진되어야 하고, 특히 사례를 발표하고 토론하는 워크샵을 개최해서 서로 배우고 격려하게 해야 한다. 또한 혁신활동에 예산과 인력을 집중 투입해야 한다. 혁신이 중요하다고 하면서 혁신활동에 예산과 인력을 투입되지 않는다면, 직원들은 혁신활동의 진정성을 의심하고 움직이려 하지 않을 것이다. 그리고 혁신의 성과를 낸 직원이나 부서를 격려하고 포상해야 한다. 최종적으로 혁신의 성과를 전체적으로 공유하고 다른 부서의 혁신을 촉진해 나가야 한다.

둘째, 혁신과제의 목표를 수요자 중심의 구체적이고 측정 가능한 지표로 만들어, 혁신과제에 대한 조직의 성과와 개인의 성과를 평가하고 이를 인사에 반영해야 한다.

혁신과제의 지표는 수요자 중심의 측정할 수 있는 숫자로 정해져야 한다. 서울주택도시공사 3번 혁신과제 '늦장대응과 불친절을 근절하겠습니다'의 두 가지 지표를 비교해 보자. 늦장대응의 경우, '전체 처리기한을 25일에서 15일로 줄이고, 서비스 대응기간을 5일에서 1일로 줄이자'는 지표는 구체적으로 측정 가능한 지표다. 하지만 불친절의 경우, '고객만족 추진 조직을 정비, 맞춤형 고객만족 교육을 시행,CS성과 평가 체계도입 및 BSC연동' 은 공급자 중심이고 구체적으로 측정되기 어려운 지표다. 8번 혁신과제 '총가구의 1/5을 공적임대주택으로 확보하여 서울시 주택시장 안정에 기여하겠다'는 서울주택도시공사가 직접 공공임대주택을 22년까지 6만 7천호, 30년까지 19만 4천호를 추가 공급함으로써 서울시, 공적지원 민간 건설 등을 포함한 임대주택이 2030년에 6십 9만 4천호 달한다는 수요자 중심의 구체적이고 측정 가능한 지표다. 14번 혁신과제 '산업재생 거점시설의 계획, 건설에서 운영까지 책임지겠습니다'의 '2020년 산업재생지원 센터 설립'은 앞으로 실행계획이 진척됨에 따라 더 구체화되어야 하는 지표다. 수요자 중심의 측정가능한 지표는 하루아침에 만들어지지 않는다. 다양한 경험과 시행착오를 거치면서 정립된다. 그리고 혁신과제의 성과를 평가하고 이를 인사체계와 연동해 나가는 것이 바람직하다. 혁신과제를 담당하는 부서를 정하고, 과제에 기여하는 직원을 정해서, 혁신과제의 성과가 부서와 직원에 대한 근무평가로 점수화되고 인사에 반영될 수 있는 인사체계를 구축해야 '혁신활동'이 지속적으로 추진될 것이다.

마지막으로, 공기업 혁신에서 빼 놓을 수 없는 것이 노동조합의 역할이다. 한국의 정치현실에서, 노동조합의 동의를 받지 않고 공기업의 혁신을 이루는 것은 매우 어렵다. 노동조합이 노동자의 권리를 보호할 뿐 아니라, 시민생활의 향상에 더 기여하는 '혁신활동'에서도 주도적인 역할을 담당한다면, 노동조합의 경영참여 확대에 대한 시민의 지지를 얻는데 큰 도움이 될 것이다.

CHAPTER **04**

영국 사회적 가치 정부혁신정책과 시사점

배성기

| 사회적가치연구소 |

영국 사회적 가치 정부혁신정책과 시사점

배성기(사회적가치연구소)

1. 영국정부 혁신정책의 흐름: 사회적 가치

1.1 배경

20세기 후반 약육강식 자본주의와 세계화에 따른 성장위주 발전은 빈부격차, 불평등 및 환경파괴 등 다양한 문제를 양산했다. 이러한 위기에 직면한 국제사회는 어떻게 국가적 난제를 해결할 것인지 고민하게 되고, 이를 극복하기 위한 노력의 일환으로 국제연합(UN)은 글로벌 파트너십에 기초한 지속가능한 발전을 제시하게 된다.[1)]

승자독식 자본주의 시스템을 혁신적으로 보완하고 새로운 대안 모델을 찾아야 하는 시대적 요구에 대응하기 위한 방법으로 사회적 가치(Social Value)라는 개념이 주목받기 시작하였다. 현재 사회적 가치는 이론적으로 명확하게 정리된 개념은 아니다. 전통적으로 유럽에서는 자원봉사단체나 사회적기업이 사회적 가치를 선도해 왔다. 또한 미국에서는 민간기업이나 부자들의 기부 활동을 통해 사회적 가치를 창출하기도 했다.[2)]

---

1) "Sustainable Development" Sustainable Development United Nations, assessed 10 Oct. 2018, https://sustainabledevelopment.un.org/

2001년 유럽연합(EU)은 사회통합, 환경보호, 경제성장이라는 3대 과제를 새로운 패러다임을 기초로 한 지속가능한 발전전략(Sustainable Development Strategy)[3]을 채택하고, 공공조달을 주요 정책수단으로 포함하였다. 공공조달을 주요 정책수단으로 사용하는 이유는 전국가적 단위에서 사용가능한 혁신의 기제이자 파급력 있는 사회혁신성과를 만들어 낼 수 있으며, 신속한 적용가능성, 지속가능한 발전전략과 연계하면서 기업·시민사회단체와의 신뢰를 구축해 갈 수 있는 용이한 정부정책 기제이기 때문일 것이다.

즉, 유럽연합은 지속가능발전 전략의 핵심 방법론으로 정부 및 공공기관의 구매력을 활용하여 사회적 가치를 창출하는 사회책임조달을 통해 회원국의 사회혁신 목표달성을 위한 강력한 도구가 될 수 있다고 판단한 것이다. 유럽연합은 정부조달시장 진입에 중소기업에만 직접적 혜택을 주는 제도나 회원국들에게 공공조달시장에서 중소기업에게 혜택을 주도록 하는 근거조항을 두고 있지 않고 있으나, 사회적 책임 이행 기업을 중점 지원하는 제도를 도입하기 위해 공공조달을 활용하였다.

2010년 유럽위원회는 공공조달 영역에서 사회적으로 책임지는 방식의 구매방법을 담은 가이드라인 "사회적 구매(Buying Social: A Guide to Taking Account of Social Considerations in Public Procurement)"[4]를 발표했다. 유럽위원회에서 발표한 사회적 구매(Buying Social)는 고용기회, 양질의 일자리, 사회적 권리와 노동권리의 보장, 사회적협동조합의 활성화, 기회가 균등한

---

2) Defourny J. & Nyssens M. (2010) *Conceptions of Social Enterprise and Social Entrepreneurship in Europe and the United States: Convergences and Divergences* Journal of Social Entrepreneurship 1(1) 32-53 March 2010

3) *A Sustainable Europe for a Better World: A European Union Strategy for Sustainable Development* (2001) Commission of the European Communities

4) *Buying Social A Guide to Taking Account of Social Considerations in Public Procurement* (2010) European Commission

제품설계, 윤리적 거래, 기업의 사회적 책임, 중소기업 지원 등을 사회적 가치로 정의했다.

사회적 가치를 정부차원에서 최초로 정리하고 제도화한 국가는 영국이다. 2012년 영국은 유럽연합의 사회책임조달을 기반으로 하는 공공서비스(사회적 가치)법[5]을 제정·공표하여 공공부문을 사회적 가치 실현 활동을 통해 사회혁신 활동의 추진 근거 당위성을 부여하여 정부 및 모든 공공기관이 사회적 가치기반 혁신활동을 실행하도록 했다. 사회적 가치법은 2010년 보수당 하원의원 크리스 화이트(Chris White)가 영국 사회적경제조직 지원조직인 소셜엔터프라이즈(Social Enterprise UK)가 정책선거(election manifesto)[6]의 일환으로 제시한 내용에 영감을 받아 발의한 법안을 토대로 한다.

사회적 가치법은 공공기관이 공공서비스를 수행할 때 반드시 '공동체'에 미칠 여러 효과를 고려할 것을 규정한다. 이 법은 약자보호나 공동체 통합과 같은 '사회적 가치'의 실현을 목표로 하는 것으로 간주되었고 시민사회로부터 환영을 받았다. 공공서비스와 사회적 가치라는 말을 함께 사용하는 명칭에서도 나타나듯 사회적 가치를 '위탁 및 조달과정에서 재화와 서비스의 직접구매와 그에 따른 결과 이상으로 창출되는 공동체를 위한 편익'[7]으로 규정한다.

즉, 사회적 가치법은 공공기관으로 하여금 그들의 공공서비스 활동에서 지역의 일자리 창출, 소수자 및 장애자들에 대한 학습기회 제공, 지역경제의 인프라

---

5) *Public Services (Social Value) Act 2012* (2012) TSO
6) 정책선거(선거 매니페스토, Election Manifesto)
매니페스토는 선거에 임하는 정당이나 후보자가 유권자에 대한 계약으로서의 구체적인 목표, 추진 우선순위, 이행방법, 이행기간, 재원조달방안을 명시한 공약을 말한다. 이에 대하여 유권자는 정당 · 후보자의 공약을 비교하여 실현가능성이 가장 높은 공약을 많이 제시한 정당이나 후보자에게 투표하는 것이다. 그리고 선거일 후 당선자는 선거때 제시한 자신의 공약을 실천하려는 노력을 기울이고 유권자는 당선자가 제시한 공약의 이행상황을 평가하여 다음 선거에서의 지지여부를 결정하자는 것이 매니페스토 정책선거의 기본이 되는 것이다.
7) *Public Services (Social Value) Act 2012* (2012) TSO

제공 등을 고려하게 만드는 것을 사회적 가치 실현으로 간주하는 것이다. 경제적인 차원에 중점을 둔 활동들이 종종 시장에서 상대적으로 우위에 있는 집단에게 더 큰 혜택을 주는 결과를 가져온다는 점을 비판적으로 성찰하면서 공동체의 통합, 주민의 참여, 지역 차원의 책임성과 안전강화 등의 가치를 포함하는 사회적 가치를 강조한다.

결국, 사회적 가치는 공공과 민간이 협력하는 좋은 거버넌스(good governance)의 제도화와 직결되어 있다. 영국은 거버넌스를 형성하는 정부, 공공기관, 비영리단체, 민간기업의 자기혁신과 각각의 행위자 모두가 공익적 가치를 추구하는 조직이라는 인식의 전환을 토대로 역동적으로 헌신하는 혁신적인 사고방식을 확장하기 위한 환경조성의 시도가 사회적 가치법으로 완성된 것이다.

1.2 사회적 가치와 영국정부 정책 기조

사회적 가치와 관련된 영국 정부의 정책적 접근은 1997년 노동당 당수인 토니 블레어(Tony Blair)가 수상으로 취임하고 제3섹터[8] 정책과 사회적기업 정책을 범정부적으로 추진한 것으로부터 출발한다. 집권 후 블레어와 노동당은 사회민주주의와 경제적 자유주의를 조화한 중도주의적 이념으로서 '제3의 길(Third Way)'[9]로 나아갈 갈 것을 천명하고, 공동체주의(Communitarianism)[10]에 입

---

8) 일반적으로 제3섹터(the 3rd sector)란 제1섹터(the 1st sector)인 공공부문과 제2섹터(the 2nd sector)인 민간부문 어느 부문에도 속하지 않는 조직의 유형을 의미한다. 이러한 제3섹터를 보는 시각은 크게 두 가지로 대별되는데, 첫째는 제3섹터가 공공부문과 민간부문에서 확산(divergence)한 것이라고 보는 견해와 양 부문이 수렴(convergence)된 것이라고 보는 견해이다. 확산적 관점은 제3섹터를 공공부문과 민간부문에서 충족되지 못한 문제를 해결하기 위한 조직으로 파악하는 반면 수렴적 관점은 제3섹터를 민간부문의 전문성과 효율성을 추출하여 공공부문의 공익이나 책임성과 결합시키려는 메커니즘으로 파악한다는 점에서 차이가 있다.

9) 동구의 공산사회주의 국가들이 붕괴되고 자본주의 국가로 바뀌는 대변혁 즉, 냉전 붕괴가 이루어지자, 서구의 영미권에서 전통적 사회주의적 가치, 사회주의 경제, 사회주의 사회를 주장하던 전통 좌파세력이 인식을 바꾸기 시작했다. 전통 좌파세력은 냉전 체제 해체에 충격을 받았으며, 이들 중 상당수는 사회주의 경제가 왜 붕괴할 수밖에 없었는지를 연구하기 시작했고, 결국 사회주의 실패를 수용하게 되었다. 결국, 이들은 우파가 주장하는 신자유주의를 비판해 오다가, 한편으로는 사회주의 이념의 비현실성을 지적했기 시작했고, 결국 좌와 우를 넘어서는 새로운 길을 찾아야 한다고 주장했다. 이들은 보수와 진보의 틀을 넘어서는 새로운 길이 필요하다고 느끼고, 추구해야 할 방향을 명확히

각해 시민사회를 새롭게 인식하고 정부에 제3섹터 정책을 담당하는 부서(제3섹터청, Office of the Third Sector)를 설치하였다.11) 노동당정부의 제3섹터 정책과 사회적기업 정책의 토대가 되는 공동체주의는 국가가 주도하는 노동당의 근본적인 철학을 바탕으로 한다. 즉, 노동당정부의 시민사회 정책은 '파트너십'을 강조하였지만, 그 핵심은 국가가 주도적인 역할을 한다는 전제를 하고 있다. 이후 노동당정부는 공동체주의를 배경으로 제3섹터 정책과 사회적기업 정책을 정부의 주요 정책의제로 다루었다.

2002년 노동당정부는 '성공적인 사회적기업을 위한 전략(Social Enterprise: A Strategy for Success)'12)을 수립하였다. 이 전략에서 영국 정부는 성공적인 사회적 기업의 생산성과 경쟁력 향상, 포용적 부(Inclusive Wealth)의 생산, 개인과 지역사회의 역량 제고, 공공서비스 전달체계 및 개혁방안에 대한 새로운 가능성 시사, 포용적이고 활발한 시민사회 구축과 같은 정책적 목표에 이바지하도록 하였다.

2006년에는 '사회적기업을 위한 행동계획(Social Enterprise Action Plan)'의 일환으로 사회적 기업이 사회의 고질적 문제 및 환경문제 해결, 윤리적 시장의 새로운 기준 정립, 기업의 책임성 향상, 공공 서비스 개선 및 새로운 접근법 개혁, 기업수준 향상, 실무인력 증가 등에 이바지하기 위한 '사회적 기업 경쟁력

정하고, 자신들의 주장을 계속해 나가고, 확산시켰다. 이러한 새로운 길은 미국에서 민주당 빌 클린턴 정권이 출범하면서 점점 그 색을 드러내기 시작했다. 영국 노동당의 토니 블레어 수상이 집권한 뒤, 토니 블레어는 '제3의 길'(Third Way)이 자신이 나아갈 길이라고 말했다. 이로써 제3의 길이라는 노선은 토니 블레어에 의해 본격화되기 시작했다. 미국의 민주당은 스스로 신민주당, 영국의 노동당을 신노동당으로 부르며, 제3의 길은 확산되었다. 영국 노동당의 고든 브라운 수상이 토니 블레어 정권의 뒤를 이어 제3의 길을 내세워 집권했다. 세계적 사회학자인 앤서니 기든스는 미국에서 시작된 이런 경향을 저술해 세계에 알려지기도 했다. 이후 제3의 길이 추구하는 방향이 맞다고 생각하는 외국의 사회주의 정치인과 학자들이 이를 받아들였다.

10) Blair T. (2002) My vision for Britain: by Tony Blair *The Guardian* 10 November, national edition

11) Jump P. (2007) "The Blair legacy: good for the sector, less so for beneficiaries" Third Sector UK https://www.thirdsector.co.uk/blair-legacy-good-sector-less-so-beneficiaries/policy-and-politics/article/656882 (accessed 10 Oct. 2018)

12) *Social Enterprise: a strategy for success* (2002) Department of Trade & Industry

강화 방안(Social Enterprise Action Plan: Scaling New Heights)'[13]을 수립하였다. 이들 계획은 사회적 가치를 실현하는 도구로서 사회적 기업을 지원하기 위한 토니 블레어 노동당정부의 당면 과제와 추진전략을 제시한 것이다.

2007년 노동당정부 재무장관 출신으로 블레어 수상의 후계자가 된 고든 브라운(Gordon Brown)은 제3섹터를 통해 사회문제가 해결되고, 사회 곳곳에서 자원봉사조직과 공동체 단체 그리고 사회적기업들이 사람들의 삶을 더욱 풍요롭게 해주고 좋은 환경을 만들기 위해 노력하고 있다는 사실을 인정하였다. 그리고 '사회행동협의회(Council for Social Action)'[14]을 설립하여 제3섹터가 성장할 공간과 기회를 만들어 주고 함께 일하는 좋은 파트너가 되는 것을 정부의 핵심 역할로 하고, 이를 위해 정부가 공동체의 소규모 조직들을 지원하고, 재정투자 및 권한 부여를 통해 스스로 공동체를 건설하고 삶을 변화시키며 사회적기업들이 사회적으로 좋은 성과들을 만들 수 있도록 사회구성원 특히 소외계층의 삶의 변화를 지원하도록 했다. 또한 브라운 수상은 사회적기업 지원에 있어서 사회적 기업을 공공서비스 공급자로서 서비스의 개선을 이루어낼 수 있는 주체로 인식했다는 점도 유의할 만하다.

2010년 5월, 1997년부터 14년 간 집권했던 영국 노동당 내각이 막을 내리고, 데이비드 캐머런(David Cameron)이 이끄는 보수당이 자유민주당과 연립정부를 수립하였다. 새 정부는 노동당의 정책 지표인 '제3의 길'에 대해 개인과 공동체(커뮤니티)의 역량 강화와 공공서비스 개혁을 목표로 한 '큰 사회(Big Society)'[15]를 정책적 담론으로 내세웠다. 이 정책은 정부실패, 시장 실패의 대안으로 사회를 부각시키고, 사회 문제 해결의 주체를 국가에서 민간과 지역사회

---

13) *Social enterprise action plan Scaling new heights* (2006) Office of Third Sector
14) *Communities in Control: Real People, Real Power* (2008) TSO
15) Cameron D. (2010) "Big Society Speech" Cabinet Office
https://www.gov.uk/government/speeches/big-society-speech (accessed 10 Oct. 2018)

로 이전하는 것을 핵심으로 한다.

'큰 사회' 정책은 사회문제를 공동체 스스로 해결한다는 취지 아래 공동체 회복의 방향으로 추진되었다. 구체적인 정책으로는 ① 강한 공동체의 조직화 ② 공동체 참여의 강화 ③지방정부로의 권한 이행 ④ 사회적 경제에 대한 지원 ⑤ 정보 공유 등을 제시하였다. 즉, '큰 사회'는 국가 영역을 사회에 이관시킴으로써 정책 실시 뒤에 '작은 정부'와 '큰 공동체'를 기대한 것이다. 캐머론 정부의 '큰 사회' 정책의 대표적인 성과로는 '큰 사회기금(BSC; Big Society Capital)'[16] 설립과 '공공서비스(사회적 가치)법(Public Service[Social Value] Act 2012)'의 제정이다.

표 1. '큰 사회' 정책의 구체적인 내용

성과	내용
큰 사회기금(Big Society Capital)[17]	• 2011년에 설립된 사회투자은행 • 휴면예금(4억 파운드)+은행출자(2억 파운드) • 사회성과연계채권(SIB: Social Impact Bond) 등 1억 4천만 파운드 투자
공공서비스(사회적 가치)법 (Public Service[Social Value] Act 2012)	• 2012년 제정(2013년부터 시행) • 사회적 가치 = 공동체 편익 규정 • 공공서비스의 사회적 가치 창출 규정

2015년 5월 영국 총선에서 보수당 단독으로 과반의석을 차지하여 수상으로 연임된 캐머론은 '큰 사회'라는 이슈를 지속적으로 강조하고, 공공부문의 적자를 줄이기 위해 작은 정부를 지향하고 사회적 기업들이 공공서비스를 공급하도록

16) *Launch of Big Society Capital – the world's first ever social investment market builder* (2012) Cabinet Office
https://www.gov.uk/government/news/launch-of-big-society-capital-the-world-s-first-ever-social-investment-market-builder (accessed 10 Oct. 2018)
17) Big Society Capital https://www.bigsocietycapital.com/ (accessed 10 Oct. 2018)

지원했다. 이는 '큰 사회'가 시민단체를 통해 공공서비스를 제공하고 사회적 기업의 육성을 주요 목표로 삼고 민관협력 파트너십을 강조한다는 점에서 주목할 만하다.

'큰 사회' 정책은 2010년 이후 강도 높은 긴축 재정으로 말미암아 특히 공공복지 영역에서 지방정부 지원의 서비스 감축과 서비스질의 하락을 초래하였다는 비판을 받고 있지만 영국의 대표적인 진보언론인 가디언(The Guardian)지는 '큰 사회를 다시 일으켜 세워야 하는 이유(Why We Must Resurrect the Big Society)'라는 제하(題下)의 칼럼에서 "'큰 사회' 정책은 우파에게 버림받고 좌파에게 조롱받았지만 놀랄만한 복원력을 입증해 왔다. 우리에게는 달리 대안이 없다. 영국의 거대 정당이 내놓은 모든 정책은 '큰 사회'론의 변형일 뿐"[18]라며 정책에 대한 입장을 드러내기도 했다.

2016년 6월 브렉시트(Brexit) 국민투표 결과로 캐머런 수상이 사임하면서 테레사 메이(Theresa May)가 신임 수상이 되었다. 메이수상은 불평등을 치유하는 '공유사회(Shared Society)'[19]의 건설을 국정과제로 제시하였다. '공유사회'는 '모두를 위해 작동하는 나라'와 '(복지가 아닌) 일자리가 최선이며, 사람들이 일을 할 수 있도록 독려하고, 그런 일자리를 창출하는 것'을 기본으로 한다.

'일자리'와 '모두를 위한 나라'를 추구하는 공유사회 정책은 경제·사회적 자유주의를 수호해온 보수당의 핵심 이념이 응축된 것이기도 하다. 이는 '노동자 계층의 복리를 위해 큰 정부를 유지'를 주장하는 노동당과 분명히 대립하는 것이다. 하지만 인간의 기본적인 권리이자 생존과도 직결되는 일자리와 모든 이가 잘

---

18) Robinson D. (2014) Why we must resurrect the big society, *The Guardian*, 17 May, UK edition
19) May T. (2017) "The shared society" Cabinet Office
https://www.gov.uk/government/speeches/the-shared-society-article-by-theresa-may
(accessed 10 Oct. 2018)

사는 공동체를 위한 공유사회는 사익을 초월해 공공의 이익과 공동체의 발전에 기여하는 사회적 가치를 구현하는 정책방법론의 한 가지임에는 변함없다.

표 2. 사회적 가치와 역대영국정부 정책기조의 변화

정부	정책	내용 및 특징	사회적 가치 구현 주체
토니 블레어 (노동당) (1997. 2~2007. 6)	Third Way (제3의 길)	사회정의, 평등, 기회의 평등, 공동체주의 성공적인 사회적기업을 위한 전략 - 사회적 기업의 생산성과 경쟁력 향상; - 포용적 부(Inclusive Wealth)의 생산; - 개인과 지역사회의 역량 제고; - 공공서비스 전달체계 및 개혁방안에 대한 새로운 가능성 시사; - 포용적이고 활발한 시민사회 구축. 사회적기업을 위한 행동계획(사회적 기업 경쟁력 강화 방안) - 사회적 기업에 의한 사회의 고질적 문제 및 환경문제 해결; - 윤리적 시장의 새로운 기준 정립; - 기업의 책임성 향상; - 공공 서비스 개선 및 새로운 접근법 개혁; - 기업수준 향상; - 실무인력 증가.	정부 사회적경제 조직
고든 브라운 (노동당) (2007. 6~2010. 5)	Third Way (제3의 길)	사회행동협의회 - 정부가 파트너로 제3섹터에게 성장 공간 및 기회 제공하고 협업 - 공동체 소규모 조직 지원; - 재정투자 및 권한 부여 공동체 건설 및 삶의 변화 추구; - 소외계층 지원 등 사회적기업에 의한 긍정적인 결과물 생산.	정부 사회적경제 조직(제3섹터)
데이비드 캐머런 (보수당) (2010. 5~2016. 7)	Big Society (큰 사회)	정부실패, 시장 실패의 대안으로 사회를 부각시고, 사회 문제 해결의 주체를 국가에서 민간과 지역사회로 이전 강한 공동체의 조직화 공동체 참여의 강화 지방정부로의 권한 이행 사회적 경제에 대한 지원 정보 공유	정부 사회적경제 조직 민간부문 시민
테레사 메이 (보수당) (2016. 7~현재)	Shared Society (공유사회)	일자리 창출 모두를 위해 작동하는 나라	정부 사회적경제 조직 민간부문 시민

2. 사회적 가치정책

2.1 최고가치 (Best Value Duty 2011)

1997년 집권한 노동당은 행정 개혁의 목표로 서비스에 대한 높은 국가적 기준 설정과 책임성 확보, 서비스 수혜자인 국민의 신뢰와 최대 만족을 실현하기 위한 지방정부로 권한 이양, 일선의 업무수행에 지장을 주는 장애 제거 및 유연성 확대 등을 제시하였다. 이를 위해 영국정부는 1999년 지방정부법(Local Government Act 1999)을 개정하여 지방정부로 하여금 경제성(economy), 효율성(efficiency), 효과성(effectiveness)의 측면에서 지속적인 개선을 하도록 의무화했다. 이 법은 중앙정부가 지방정부에게 광범위한 권한을 위임하여 지방정부에게 혁신과 정책실험에 대한 도전과 기회를 제공하고 행정서비스의 혁신을 추진하게 한 것이다.[20]

영국정부는 '정부현대화백서(White Paper: Modernising Government)'[21]에서 21세기의 바람직한 행정서비스에 대한 정부가 추구하는 최고가치로 다음과 같은 내용을 제시하였다:

- 행정서비스가 서비스 제공자의 편의를 위해서가 아니라 시민의 요구에 반응하도록 할 것;
- 고품질의 행정서비스를 효율적으로 제공할 것;
- 정책결정이 단기압력에 반응하지 말고 전략적이고 미래지향적으로 이루어질 것.

---

20) *Local Government Act 1999* (1999) Legislation UK https://www.legislation.gov.uk/ukpga/1999/27/contents (accessed 10 Oct. 2018)

21) *Modernising Government* (1999) Cabinet Office, https://webarchive.nationalarchives.gov.uk/20131205101137/http://www.archive.official-documents.co.uk/document/cm43/4310/4310.htm (accessed 10 Oct. 2018)

최고가치제도의 핵심은 정부 및 기관이 해당 사무를 수행하면서 벤치마킹을 통해 서비스를 개선하고 민간부문과 협력하여 효율성을 제고할 수 있는 토대를 만들어 준 것이라 할 수 있다. 또한 이러한 시도는 신뢰와 네트워크의 가치를 추구하는 새로운 거버넌스(New Governance)의 접근방법이기도 한 것이다.

2.2 사회적 가치법 (Public Services (Social Value) Act 2012)

영국 사회적 가치법의 정식 명칭은 'Public Services (Social Value) Act 2012'이며 사회적 가치 창출을 위한 공공서비스법이다. 이 법은 국가나 공공기관이 공공서비스를 민간으로부터 구매하는 것에 대하여 사회책임조달과 관련된 최적가치제, 평등이행 의무제도와 공존하면서, 핵심적으로는 서비스공급을 위한 계획을 수립하는 단계에서부터 사회적 가치를 고려하도록 제도화하는 데 있다.

사회적 가치법은 정부·공공기관이 위탁하거나 조달을 통한 공공서비스 제공시에 사회적, 경제적, 환경적 가치의 창출을 고려하도록 규율하는 것을 그 목적으로 한다. 그리고 사회적 가치는 위탁 및 조달과정에서 재화와 서비스의 구매와 그에 따른 결과로 창출되는 편익을 의미한다.

사회적 가치법의 정의는 비규범적이며 개방적·유동적이라는 특징이 있다. 즉, 사회적 가치에 대한 권위 있는 정의와 목록이 없음을 인정하고, 규범적인 접근을 시도하지 않는다. 또한 사회적 가치에 대해 지역사회의 요구 맥락 또는 공공기관의 특정 전략 목표에 따라 그 편익을 고려하는 방식으로 개방적·유동적으로 접근한다. 예를 들어 청년 실업이나 의료 불평등과 같은 사안에 대해 필요에 따라 유연하게 접근할 수 있다는 것이다.

사회적 가치법은 정부 부처, 지방정부, 의료보건, 교통, 화재 및 안전 서비스

기관, 주택조합 등 모든 공공기관을 대상으로 하고, 적용대상은 공공기관의 조달과 민간위탁·대행·보조사업 등과 같은 민관협력 사업 등을 포함하며 보건, 주거, 교통, 폐기물 수거 등 모든 공공서비스 시장을 포함한다.

사회적 가치법은 정부·공공기관이 조달과정을 시행하기 전에 사회적, 경제적, 환경적 편익을 고려하는 것을 필수조건으로 한다. 또한, 사회적 가치와 관련된 사항을 반드시 관계 기관과 상의하도록 의무화 하고 있다. 또한 이 법은 공공계약규정(Public Contracts Regulations 2006)의 공공서비스 계약 및 기본 협약을 적용받으며 공공서비스의 계약 이전 단계(pre-procurement)를 적용하도록 하고 있다. 이는 조달이전 단계에서 조달 및 공공서비스설계의 전체적인 방식과 내용이 결정되므로, 이 단계에서 사회적 가치에 대한 반영을 통해 공익 및 공동체 편익발생효력의 극대화를 추구하기 위함이다.

사회적 가치법은 공공기관이 공공서비스를 디자인하고 공급함에 있어 연계된 사회적·경제적·환경적 부가가치가 국가 및 지역 공동체의 필요에 가장 적합하고, 공급자에게 어떤 혁신의 기회를 제공할 것인지에 대해 판단할 수 있는 권한을 부여한다는 점이 특징이다.

사회적 가치법(Social Value Act 2012)은 최고가치 책무(Best Value Duty 2011)에 대한 '공동체 및 지방자치부의 법령 지침(Department for Communities and Local Government's statutory guidance 2011)'과 동일한 효력을 갖는다.

2.3 최고가치 책무와 사회적 가치법 비교

1999년의 지방정부법(Local Government Act 1999)은 특정 지방정부 기관들을 대상으로 일반적인 최고가치 책무를 부여하고 있으며 "경제성, 효율성, 효과성이 통합되도록 정부 기능을 수행하는 방법을 지속적으로 개선시키기 위한 규정을 만드는 것이 목적이다"는 취지를 설명하고 있다.

최고가치 책무를 이행해야하는 지방정부는 공공서비스 공급을 검토할 때, 경제적·사회적·환경적 가치를 포함한 전반적 가치인 사회적 가치를 고려해야 하고, 지역 공동체와 지방정부는 최고가치 책무에 대한 법적인 지침을 제정하여 이행해야한다. 지방 행정기관 감독관은 최고가치 책무와 공공서비스(사회적 가치)법이 상호 보완되어 운영된다는 것을 인식하고 있지만, 아래 표에 요약한 것처럼 몇 가지 차이점이 있다.

표 3. 최고가치 책무와 공공서비스법 비교

구분	최고가치 책무 (Best Value Duty 2011)	공공서비스(사회적 가치)법 (Public Services (Social Value) Act 2012)
책무	가치(사회적 가치 포함) 고려	경제·사회·환경적 후생 고려
기관	지방정부	모든 계약기관
계약	재화, 서비스, 노무(work)	서비스
기관	지방정부	모든 계약기관
조달단계	과정 전체	사전조달
계약의 가치(가격)	모든 가치	유럽연합 조달규정 적용대상[22]
협의대상	최종 사용자(고객)	서비스관련 이해관계자

2.4 사회적 가치 교육(영국 맨체스터 사례)

사회혁신을 위한 새로운 정책이 수립되어 실행되는 단계에서 가장 어려운 것은 공직관의 변화를 유인하는 것이다. 이를 위해 모든 공공기관 담당자를 대상으로 사회적 가치 구현을 통한 사회혁신이 이루어지도록 교육을 진행한 사례를 살

22) 조달대상 계약 가치가 £164,176 이상 (혹은 중앙정부 및 산하기관이 조달하는 계약의 경우 조달대상 계약가치가 £106,047 이상)인 경우를 말한다.

펴보면 해당공공기관이 갖고 있는 한계성과 문제점을 분석하고 어떻게 한계성을 극복할 수 있는지에 대해 교육을 통해 사고의 변화와 일하는 방식의 변화를 유인하고 있다. 그 교육과정과 사례를 살펴보면 다음과 같다.

표 4. 사회적 가치 구현을 위한 아카데미 프로그램

사회적 가치 구현을 위한 아카데미 프로그램 목차 **1일차** 교육내용 1일차 교육소개 배경: 분권, 시민, 공동체, 정치 배경: 맨체스터의 조달 조달의 정의 및 편익 그룹활동: 지방정부 조달체계 결과물중심 조달: 실행 그룹활동: 결과물 및 시스템중심 접근방법으로 전환 조달아카데미: 철학 및 접근방법 **2일차** 교육내용 2일차 교육 소개 및 연습 미래 서비스를 위한 재원조달 사회적 투자 수요조정 및 재투자를 위한 공급중단 토론 공동체자산 중심 접근방법 사례연구 1: Wigan 사례연구 2: 노인친화도시 아이디어 반영 100일 계획 정리	**3일차** 교육내용 3일차 교육 소개 및 2일차 교육 복습 토론: 공급조직이란 무엇인가? 시장분석 및 데이터 공급시장 분석 사례연구 1: 플레이스먼트 노스웨스트(고용) 사례연구 2: 빅라이프 워킹웰(고용복지) 공급자 관점: 조달절차 공급자 관점: 공급자가 서비스수혜자를 위해 더 많은 공동체편익을 창출할 수 있도록 조달담당자가 할 수 있는 일은 무엇인가? 공급자 관점 검토: 단체연습 100일 계획 검토 및 앞으로 할 일 **4일차** 교육내용 4일차 교육 소개 시민 이해하기 데이터(자료) 및 증거의 활용 복지서비스 수혜대상가족: 적용 및 학습 그룹토론 사례연구: 맨체스터경찰 데이터 분석 맨체스터 조달에서 행동과학 활용 탁상연습: 맨체스터 조달에서 행동과학 적용 외부공급자를 통한 결과물 얻기 사회적 가치 구현을 위한 조달 100일 계획 검토 및 앞으로 할 일 **5일차** 교육 내용 시민들의 마음을 얻는 방법 사례

사회적 가치 교육프로그램의 시작 장표는 아래 장표와 같이 예산지출액과 세입액의 차이를 설명하면서 교육이 시작된다. 국가 및 지역사회에서의 사회적 가치구현의 시작은 예산의 한계적 상황을 극복하면서 다양한 공공서비스 수요에 대해 공공서비스를 공급하는 방안에 대한 고민에서부터 시작된다.

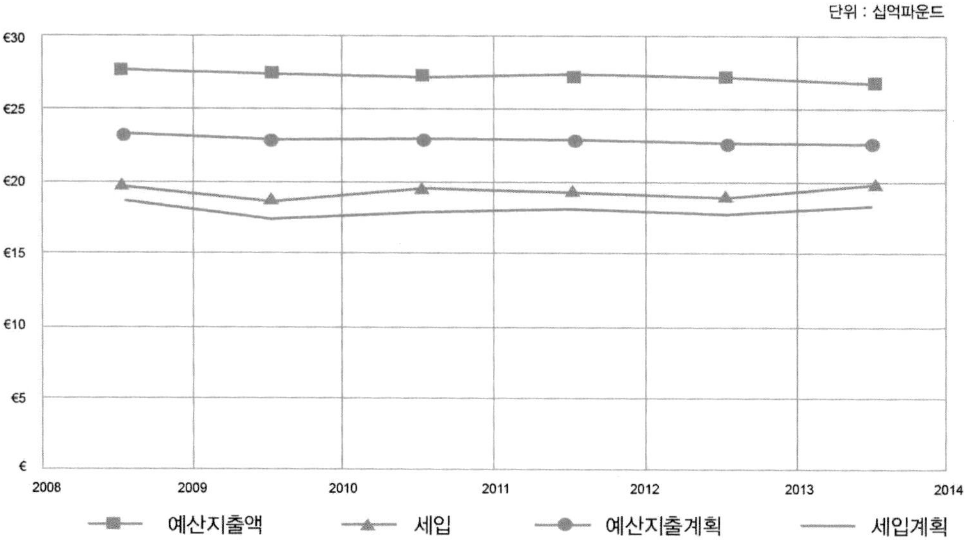

그림 1 세입과 지출의 차이 - 맨체스터의 세입 및 지출

맨체스터 지역을 대상으로 한 중앙정부의 예산지출내용과 보다 구체적으로 세입을 검토하기 위해 기존 분석자료 수정하고, 기존 분석자료 내용이 부정확한 정보가 있는지를 확인한다.

지방정부의 성장을 유인하기위해서는 세입을 확대함과 동시에 가용예산 내에서 공급 가능한 공공서비스공급과 분야별 서비스수요를 적정하게 조절해야 한다. 공공서비스 민·관공동생산 및 공급을 통해 재정적으로 자립할 수 있는 맨체스터 도시경영이 되도록 공공서비스의 리디자인이 필요하다는 내용이다.

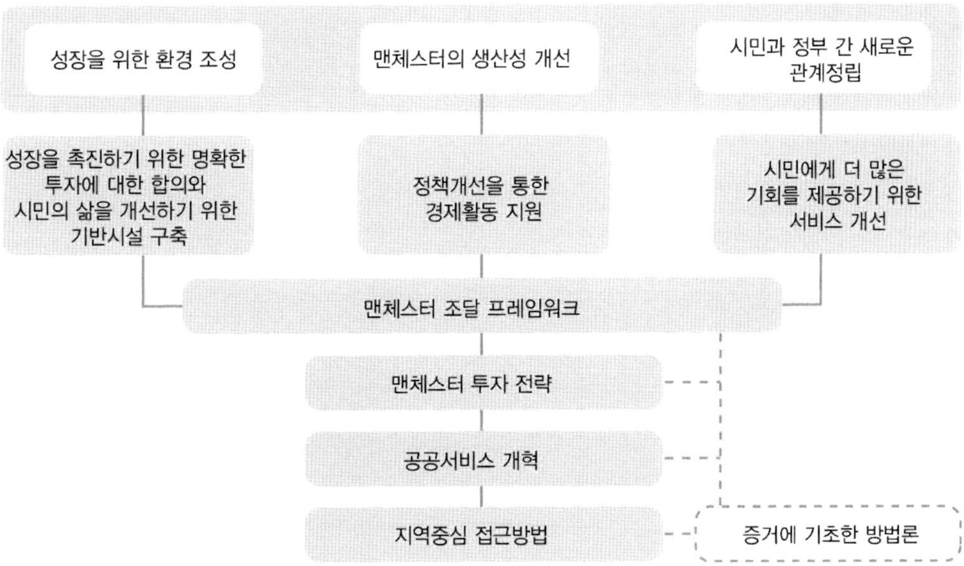

그림 2 맨체스터 전략의 우선순위

영국의 사회적 가치 정부혁신정책의 핵심은 정부나 공공기관으로서 공공재 공급을 함에도 불구하고 좀처럼 해결되지 않는 국가와 지역의 사회적, 경제적, 환경적 문제를 극복하고 더 나은 국가와 지역사회를 건설하기 위해 공동의선(Good Will)을 어떻게 확장시켜 지역적, 국가적 편익을 확장 시킬 것인가?에 대한 혁신 프레임을 운영한다는 것이다. 이를 위해 유럽연합에서 채택한 사회책임조달이라는 정부운영제도를 활용하여 공익을 추구하는 기업, 시민사회단체를 확장시켜나가는 것을 핵심 목표로 추진하고 있다. 이를 구현하기 위해서 영국 전역의 수많은 공공기관별로 기관의 설립목적과 지역성 등을 고려하여 추구하는 사회적 가치를 정의하고 이를 실현시키기 위한 방법으로 구매력을 활용하여 사회적 가치를 창출하는 사회책임조달을 적극적으로 추진하고 있다. 이러한 활동의 성과로 국가적, 지역적 공익과 편익의 양이 확장되어 국가와 지역의 문제가 조금씩 해결되면서 국민과 시민들의 삶에도 직접적이며 긍정적 변화로 귀결되어 더 나은 국가, 더 나은 지역사회로의 변화를 모색하고 있다.

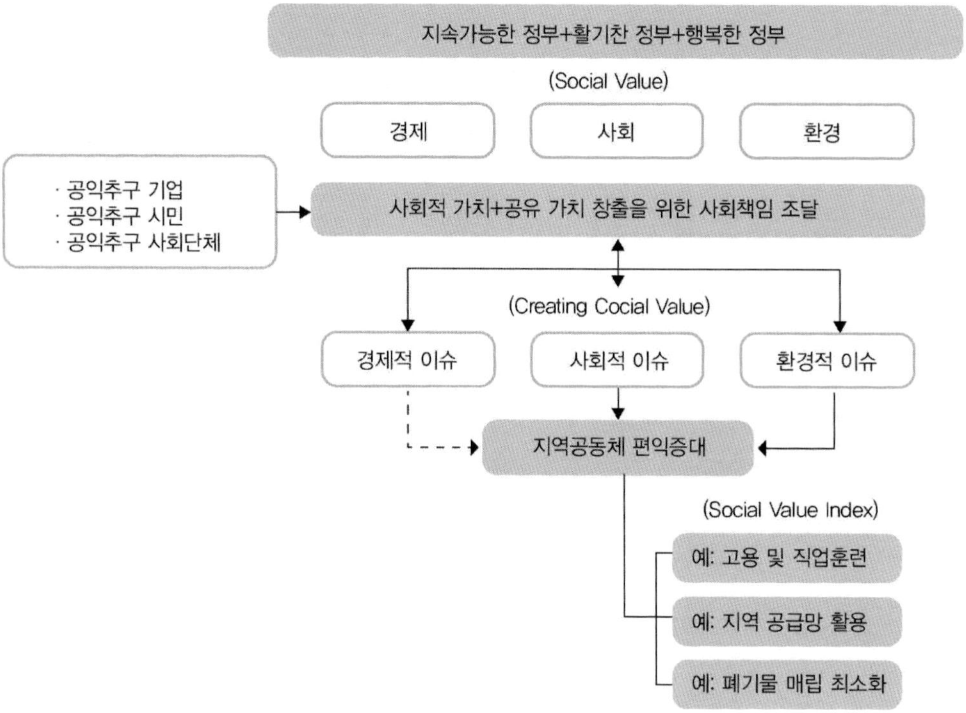

그림 3 정부 사회적 가치 구현을 위한 조달 프레임웍

3. 사회적 가치 공공기관 사례

영국 공공기관들은 공공서비스(사회적 가치)법에 기반하여 실행 가능한 사회적 가치실행전략을 수립하여 실행하고 있다. 공공기관의 설립 목적사업과 지역성을 반영하여 지역과 공공서비스수혜자, 기업과 시민들의 실제적이며 긍정적인 변화를 위한 유인하기 위한 실행 전략을 추진하고 있는 것이다. 대표적인 사례로 하이웨이 잉글랜드 사례를 살펴보고자 한다.

3.1 Highways England(하이웨이 잉글랜드)

Highways England는 오래전부터 가치를 추구하고 고객(도로이용자)들로부터 성과관련 의건(피드벡)을 수렴해왔다. 하지만 2012년 입법 제정된 공공서비스(사회적 가치법)은 도로와 직접 관련된 고객/도로이용자뿐만 아니라 보다 폭넓은 대상으로 사회적 가치를 추구하도록 요구하였다. 사회적 가치법은 "영국의 모든 공공기관이 공공서비스를 기획하고 조달할 때 서비스공급대상의 경제적, 사회적, 환경적 후생 개선을 고려하도록 요구"하고 있다. 이는 Highways England와 협력업체로 하여금 서비스공급계획에서 사회적 가치를 제공하도록 의무화한 것이다. 이에 Highways England는 서비스 공급에 있어서 직·간접적으로 연관된 지역공동체들을 고려한 사회적 가치를 추구하기 위해 방법론 개발의 필요성을 인식하게 된다.

공공기관이 추구하는 사회적 가치는 고객과 협력업체, 지역공동체 그리고 서비스 공급 그 자체에 편익을 가져다 줄 잠재성을 가지고 있다. 하지만 Highways England의 연구결과에 의하면 Highways England와 협력업체는 사회적 가치 구현을 위한 노력과 일관된 접근방식을 잘 알지 못하는 경우가 많았다. Highways England와 협력업체가 사회적 가치법을 준수하기 위해서는 사회적 가치 구현을 위한 내부적 운영지침이 개발될 필요가 있었다. Highways England와 협력업체의 사회적 가치 구현을 위한 지침을 소개 하면 다음과 같다.

- 2012년 공공서비스(사회적 가치)법의 요건을 충족시키기 위해 필요한 노력;
- Highways England와 협력업체의 사회적 가치 구현 사례(예: 지역주민을 대상으로 한 직업훈련 등);
- Highways England와 협력업체가 구현한 사회적 가치 측정 및 검토방법;
- Highways England와 협력업체가 구현한 사회적 가치 홍보방법.

Highways England와 협력업체의 사회적 가치 구현방법은 (1) 착수 (2) 이행

(3) 검토 및 평가 (4) 분석 등 4가지 단계로 진행된다. 이에 대한 구체적인 설명은 그림 1에 제시되어 있으며 업무단계별 구현방법도 기술되어 있으며 자세한 내용은 다음과 같다.

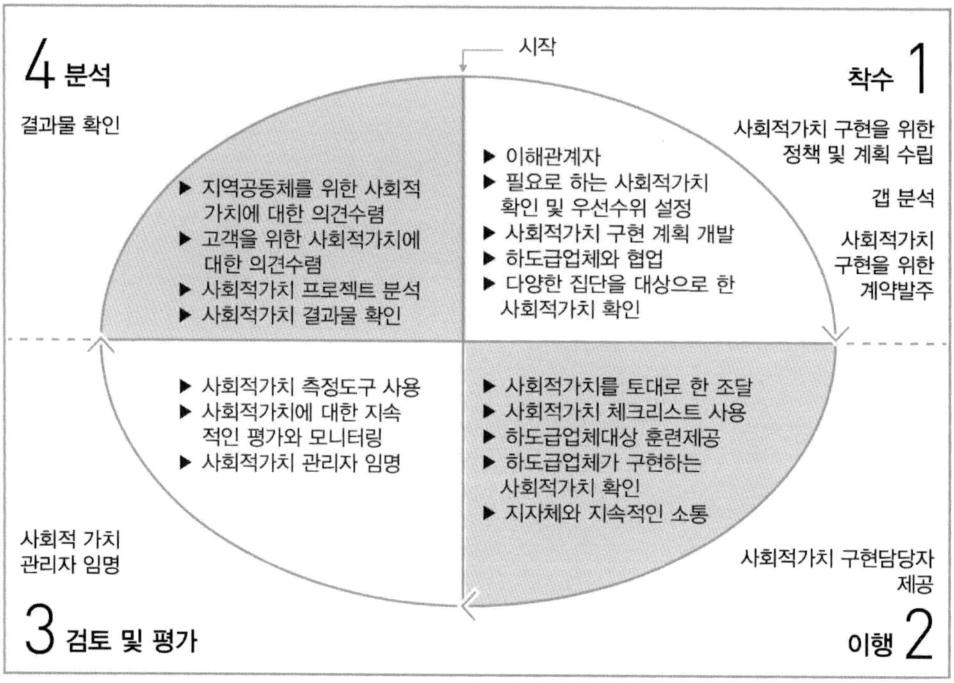

그림 4. 사회적 가치 구현단계

사회적 가치 구현단계

사회적 가치 구현을 위해 업무단계별 구현방법을 소개한 내용을 살펴보면 부서별 업무별로 추진단계시 사회적 가치가 구현될 수 있도록 구체적이고 실행 가능한 방법을 제시하고 있다.

착수 1

착수단계에서는 서비스공급계획에 따라 구현 가능한 사회적 가치를 확인하고 검토한다. 기관이 공공서비스 공급이 이루어지는 지역주민과 함께 구현하고자 하는 사회적 가치를 확인하고 검토하여 유형을 결정하는 게 핵심이다. 지역주민의 참여는 공청회 개최로 시작할 수 있다. 착수단계는 다음과 같이 진행될 수 있다:

1단계: 사회적 가치 구현을 위한 정책 및 전략 수립

구현하고자 하는 사회적 가치를 확인하고 그러한 사회적 가치가 구현될 수 있도록 지원하는 명확한 정책과 전략은 서비스공급계획에서 매우 중요하다. 이러한 정책과 전략의 수립에는 고객과 협력업체가 참여할 수 있고, 다음과 같은 내용을 포함한다:

- 서비스공급에 따라 영향을 받게 되는 지역공동체의 주민들의 삶을 개선하는 방안을 담고 있는 명확한 정책;
- 사회적 가치 구현을 위한 명확한 행동과 비전;
- 협력업체가 수행할 수 있는 정책과 전략.

2단계: 사회적 가치 계약조항 수립

기관이 협력적 파트너와 계약 시 사회적 가치항목을 계약조항으로 포함할 것을 제안한다. 이와 더불어 사회적 가치 구현을 위한 사회적 가치 핵심성과지표(KPI)도 수립되어야 한다. 예를 들면 다음과 같다:

- 직업훈련생 수;
- 사회적기업 및 중소기업 활용;
- 지역주민 고용;
- 환경에 대한 고려;
- 사회적 가치와 관련된 기타 제안.

3단계: 이해관계자 확인

서비스 공급관련 직·간접적으로 연계된 다양한 이해관계자들을 확인한다. 이러한 이해관계자들은 지방정부, 지방의회, 지역사업체, 지역공동체조직, 자선단체, 사회적경제조직 등이 해당될 수 있다. 서비스 공급을 위한 조달기획 초기에 이해관계자들의 의견수렴을 통해 지역공동체에 영향을 줄 수 있는 핵심문제에 대한 정보를 제공받을 수 있다. 서비스공급을 기획하는 담당자들은 이해관계자들과 협력하여 지역공동체가 필요로 하는 것을 확인해야 한다. 이는 어떤 사회적 가치가 필요로 한지를 확실히 해준다.

4단계: 갭 분석

갭 분석은 서비스 공급으로 영향을 받는 지역공동체가 필요로 하는 사회적 가치를 확인하기 위한 검토이다. 통상적으로 갭 분석은 지역공동체 내 학교에 다니지 않거나 직업이 없는 청소년, 실업자, 직업훈련이 필요한 자, 필요한 보건·휴양시설 그리고 지역공동체가 관심을 가지는 환경문제 등에 대한 현황을 포함한다. 또한 갭 분석은 현황 파악뿐만 아니라 사회적 가치 구현의 기회를 확인할 수 있다는 점에서 그 가치가 있다. 갭 분석은 지역과 서비스 유형에 따라 달라질 수 있다. 일례로 북부지방을 대상으로 하는 서비스 공급계획은 남부지방을 대상으로 하는 것과 다른 접근방법을 요구한다. 각 서비스 공급계획마다 지역적 여건과 특성을 반영한 고유의 갭 분석이 이루어져야 한다.

5단계: 사회적, 경제적, 환경적 필요에 대한 확인 및 우선순위 설정

이 단계에서 주목해야 하는 내용은 다음과 같다:

- 지역공동체가 필요로 하는 사회적(사회적, 경제적, 환경적)가치;
- 사회적 가치의 구현을 위한 방안.

사회적 가치 구현을 위한 우신순위 설정은 그 무엇보다 지역주민의 의견을 수

려하여 이루어져야 한다. 이를 간과할 경우, 지역공동체가 필요로 하는 사회적 가치를 구현하지 못하는 결과물 초래할 수 있다. 최악의 경우, 지역공동체의 반발과 서비스공급의 지연 또는 중단도 발생할 수 있다.

6단계: 사회적 가치분석 개발

사회적 가치분석은 사회적 가치를 서비스공급계획에 통합시키는 데 활용될 수 있다. 이 분석은 서비스 공급에 따른 사회적, 경제적, 환경적 영향을 분석한다. 또한 이 분석은 서비스 공급계획 초기단계에 완료되어야 한다. 사회적 가치분석은 지역공동체에 대한 서비스 공급에 대한 영향을 확인하는 체크리스트 형식으로 이루어질 수 있다. 사회적 가치분석은 서비스 공급계획이 수립되는 동안에 지속적으로 검토되어야 한다.

7단계: 지역협력업체 확인과 참여

서비스 공급 개시 시점에 지역에서 서비스 공급에 참여할 수 있는 역량을 갖춘 지역 협력업체들이 있는지를 확인해야 한다. 이를 통해 서비스 공급에 필요한 인적, 물적 자원을 지역 내에서 조달할 수 있다.

이행 2

이행단계는 기관의 업무 또는 공공서비스를 공급하는 과정에서 사회적 가치를 구현시키기 위한 실행적 단계로서 구매력을 활용하여 사회적 가치를 창출하는 사회책임조달이라는 방법의 효과성을 높이기 위해 공공서비스 디자인 및 입찰기획을 위한 교육실행과 사회적 가치 체크리스트를 활용을 실행하도록 하고 있다.

1단계: 사회적 가치를 토대로 한 조달절차 채택

2012년 공공서비스(사회적 가치)법에 따라 Highways England를 포함한 공공기관에 의한 서비스 조달절차는 가능한 한 사회적 가치를 구현하기 위한 공공서비스 공급프로세스 혁신을 추진해야 한다. 이는 협력업체가 사회적 가치에 대한 실행여부를 기초로 선정되어야 한다는 것을 의미한다. 사회적 가치 조달절차는 다음과 같은 내용이 포함될 수 있다:

- 사회적 가치 구현에 기초한 협력계약의 사전자격심사;
- 구현하고자 하는 사회적 가치의 범위에 대한 명확한 정의;
- 사회적 가치 구현 실적 및 실행 계획을 참고한 협력업체 선정;
- 최선의 사회적 가치 구현을 위한 제안사 선정;
- 협력업체가 구현하고자 하는 사회적 가치에 대한 고려;
- 낙찰자 선정절차에 사회적 가치에 대한 특별 가중치 적용.

2단계: 훈련제공

Highways England와 주요 도급업체들은 중소기업과 사회적기업에게 구현하고자 하는 사회적 가치에 대한 확인과 구현을 위한 훈련을 제공해야 한다. 이러한 훈련의 핵심은 협력업체들이 사회적 가치 구현을 토대로 사업활동을 영위하도록 하기 위함이다. Highways England의 주요 도급업체들은 이를 위해 적극적으로 인적, 물적 자원을 투입하도록 권고한다.

3단계: 사회적 가치 체크리스트 활용

공공서비스 공급과정에서 사회적 가치 구현을 위해 협력업체를 선정할 때 사회적 가치 체크리스트를 적용하는 것을 권고한다. (사회적 가치 체크리스트 양식은 표 5를 참고하라) 협력업체는 사회적 가치 체크리스트를 직접 기재한다. 사회적 가치 체크리스트는 Highways England와 협력업체들이 공공서비스(사회적 가치)법을 준수하기 위한 방법을 제시하는 것이다.

표 5. 사회적 가치 체크리스트

기준	사회적 가치	사회적 가치 구현 가능성 낮음 높음 〈---------------------------------〉				
		1	2	3	4	5
C1	· 조달계약(프로젝트/프로그램)을 통한 사회적 가치 제공대상 공동체 그리고/또는 사회적 편익 목록 · 소외계층을 위한 고용 · 기술훈련기회 제공 · 공동체 전체에 편익을 제공하는 서비스 · 공동체 참여 등					
C2	· 조달계약(프로젝트/프로그램)을 통한 지역경제에 대한 기여 목록 · 지역업체 활용 · 지역서비스 혹은 지역주민 노동력 활용 · 지역주민 대상 기술훈련기회 제공					
C3	· 지역공동체 전체와 사회적 가치 구현을 위한 정부 전략에 기여하기 위한 조달계약(프로젝트/프로그램) 추진방법					
C4	· 지역공동체와 환경에 대한 부정적인 영향을 최소화하기 위한 방법					
C5	· 조달계약(프로젝트/프로그램) 추진을 위한 자원동원 방법 · 지역업체 활용 · 지역산물 활용 · 지속가능한 자원조달					

검토 및 평가 3

검토 및 평가단계는 기관의 업무수행과정 또는 공공서비스 공급 시 창출되는 사회적 가치를 어떻게 측정할 것인지를 부서단위별로 검토하여 결정하고 측정 및 주요 이해관계자와 소통하는 단계가 구축되어 있다. 또한 실효성을 확보하기 위해 사회적 가치 관리자 임명 및 지속적인 모니터링을 위한 단계를 포함하고 있다.

구현된 사회적 가치와 그 결과물을 검토하는 것은 서비스 공급이 진행되는 동안 필수적으로 이루어져야 한다. 이 단계는 다음과 같은 내용이 포함되어 있다.

1단계: 사회적 가치 측정 도구/접근방법 활용

사회적 가치 측정을 위한 다양한 방법이 사용되고 있다. 일례로 LM(Local Multiplier)3는 특히 지속적인 고용과 같은 사회적 가치를 확인하는데 널리 활용되고 있다. 하지만 LM3의 주요 측정대상은 다음과 같다:

- 직업훈련생 수;
- 학교에 다니지 않거나 직업이 없는 청소년 수;
- 서비스 공급에 참여하는 지역 협력업체 수.

단, 현재 사회적 가치 측정에 통상적으로 수용되는 측정방법은 없다는 사실에 유의해야 한다. 따라서 Highways England와 협력업체의 사회적 가치 측정에는 다양한 도구가 사용될 수 있다.

2단계: 소통 및 측정

사회적 가치 측정을 위해 명확하고 일관된 접근방법은 없지만 사회적 가치가 측정되어야 한다는 사실은 모두가 공감하는 매우 중요한 사안이다. 이는 지역공동체가 필요로 하는 것이 무엇인지에 대해 노력을 기울이는 것이며, 사회적 가치 구현을 위한 새로운 기회를 찾기 위해서도 중요하다.

3단계: 지속적인 평가 및 모니터링

앞서 언급한 바처럼 사회적 가치를 측정하는 방법은 다양하며, 사회적 가치를 측정하는 것 그 자체가 중요하다. 그리고 사회적 가치를 측정함으로서 지역공동체가 진정으로 필요로 하는 가치를 구현할 수 있다. 또한 사회적 가치 측정은 서비스 공급이 진행되는 동안 새로운 기회를 확인하게 해줄 수 있다. 이와 더불어 구현된 사회적 가치에 대한 보고체계는 협력업체가 보다 효율적으로 사회적 가치를 구현할 수 있도록 도울 수 있다. 사회적 가치 구현요건은 상황에 따라 협력업체에게 지급되는 운영예산과 연계하여 적용될 수 있다.

4단계: 사회적 가치 관리자 임명

Highways England의 연구결과에 의하면 사회적 가치 구현 진행상황을 관리·감독하는 관리자의 인식부족으로 사회적 가치 준수 여부에 대한 측정이 불완전하다는 점이 지적되었다. 서비스 공급계획 수립 시 서비스 공급이 이루어지는 동안 사회적 가치 구현 상황을 모니터링할 수 있는 사회적 가치 관리자가 임명되어야 한다. 지역공동체와 연락을 담당하는 자나 혹은 사회책임(SR) 담당자가 그 직무를 겸임할 수 있을 것이다.

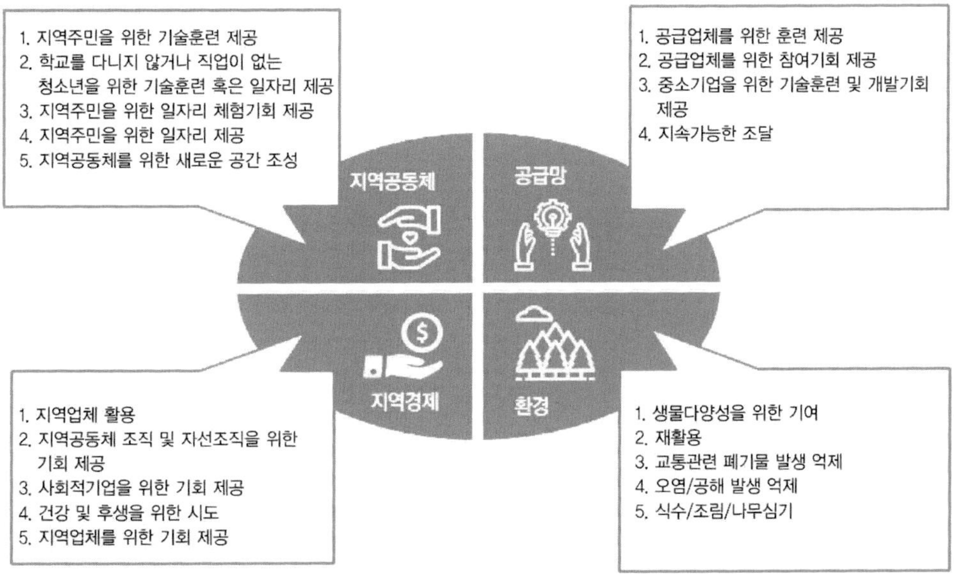

그림 5. Highways England를 통해 구현된 사회적 가치 (예시)

분석 4

분석단계는 검토 및 평가단계에서 분석 및 측정된 사회적 가치성과를 주요이해관계자와 지속적으로 향상시키기 위해 논의하고 평가하는 단계를 구성되어 있다.

서비스 공급으로 구현된 사회적 가치를 측정하는 것만으로는 부족하며, 구현된 사회적 가치를 분석하고 그 결과물을 이해관계자들과 논의해야 한다. 이 단계는 다음 내용을 포함하고 있다.

1단계: 구현된 사회적 가치에 대해 지역공동체와 논의

서비스 공급에 따라 구현된 사회적 가치는 지역공동체에게 널리 알려야 한다. 이는 서비스 공급과 관련된 홍보용 소식지나 주민센터 게시판, 지역 신문 등을 통해 이루어질 수 있다. 이러한 홍보로 지역주민들은 서비스 공급으로 구현된 사회적 가치에 대한 정보를 확인할 수 있을 것이다. 사회적 가치 홍보는 서비스공급에 대한 지역주민의 협조와 원활한 프로젝트 진행 그리고 사회적 가치법의 준수에 대한 선전 등 다양한 편익도 얻을 수 있다는 이점이 있다.

2단계: 협력업체의 소통

협력업체들은 도급업체(원청업체)와 구현된 사회적 가치에 대해 논의하고, 도급업체 또한 고객과 사회적 가치 결과물과 관련하여 논의를 해야 한다. 이는 구현된 사회적 가치가 문서화 하고, 향후 사업에도 참고할 수 있는 사례가 축적 되도록 해야한다. 사회적 가치 구현사례의 문서화 작업 시 서비스 공급에 따라 지역공동체에 제공된 경제적, 환경적 그리고 사회적 편익 등 특정 결과물을 구체적으로 기록한다.

3단계: 서비스 공급 종료 후 평가

서비스 공급 종료 후 서비스 공급계획시 수립되었던 사회적 가치와 서비스 공급을 통해 구현된 사회적 가치를 비교 분석하는 것이 중요하다. 분석의 예를 든다면 서비스 공급을 통해 개선된 지역주민의 삶을 평가하는 것으로 다음과 같은 방법을 통해 이루어질 수 있다:

- 지역주민을 대상으로 하는 설문조사;
- 도로이용자를 대상으로 하는 설문조사;
- 서비스 공급에 참여한 사업체를 대상으로 하는 설문조사.

이 방법은 지역공동체가 Highways England의 서비스를 어떻게 평가하는지 이해하는 데 도움이 될 수 있다. 또한 서비스공급대상지역의 지방의회와 연락하여 해당 지역공동체에 대한 서비스 성과를 확인하는 것도 중요하다. 서비스 종료 후 이루어지는 평가 결과는 보고서로 작성하여 공개해야 한다. 이는 앞으로 이루어질 서비스 공급에 있어서 사회적 가치 구현방법에 참고하고 보다 효과적인 사회적 가치를 구현하기 위함이다.

표 6. Highways England 프로젝트를 통해 구현 가능한 사회적 가치 (예시)

<table>
<tr><th>적용분야</th><th>사회적 가치</th><th>사회적 가치 구현 방법</th><th>측정방법</th></tr>
<tr><td>지역 공동체</td><td>• 지역주민 취업을 위한 직업기술 훈련기회 제공
• 학교에 다니지 않거나 일자리가 없는 청소년을 위한 기술훈련 및 일자리 제공
• 학생 및 청년들을 위한 일자리 체험기회 제공
• 청소년 진로 설정을 위한 자문 및 정보 제공
• 지역공동체 필요 충족을 위한 지역주민 의견 수렴
• 학교도서관이나 (노약자와 같은) 특정 집단을 위한 위락시설 제공
• 지역공동체를 위한 보건서비스 제공
• 지역공동체를 위한 공간이나 도로 접근을 위한 시설 제공</td><td rowspan="4">• 평가를 위한 접근방법 지속
• 경쟁을 통한 조달 강화
• 사회적 가치 조달계획 지원
• 기업사회적책임(Corporate Social Responsibility) 프로그램 강화</td><td rowspan="4">• 스토리보드(Storyboard)
• 사회투자수익(SROI)
• 임팩트맵핑(Impact Mapping)
• 비용편익분석
• 트리플바텀라인(Tripple Bottom Line: 경제, 환경, 사회적 가치가 지속가능 경영의 3대 축)
• 투자차트(Foundation investment bubble chart)</td></tr>
<tr><td>지역경제</td><td>• 지역주민을 위한 기술훈련 혹은 일자리 제공
• 지속가능한 서비스 공급
• 윤리적인 조달
• 종업원/직원 및 공급업체 후생환경 조성
• 지역공동체를 위한 직접적인 투자
• 조달에서 현지지역 산물 및 노동력 활용</td></tr>
<tr><td>협력 업체</td><td>• 중소기업 및 사회적기업을 위한 공급기회 제공
• 공급시장 다양성 개선
• 지역산물 및 노동력 활용
• 지역업체 활용
• 노동자 인권 및 평등 추구
• 종업원/직원 참여 촉진
• 종업원/직원을 위한 보건서비스 제공
• 순환경제/상품수명주기 고려
• 수익추구에 따른 사회적 문제 해결</td></tr>
<tr><td>환경</td><td>• 식수 및 야생동물 서식지 보호를 통한 생물다양성 개선
• 프로젝트 수행에 따른 에너지 및 물 자원 사용 최소화
• 프로젝트 수행에 따른 폐기물 발생 최소화
• 재활용 자재 혹은 친환경 자재 사용
• 대기오염 및 수질오염 억제
• 소음공해 억제</td></tr>
</table>

4. 내각사무처(Cabinet Office) 사회적 가치 운영 평가

영국정부는 사회적 가치법 제정·공표 후 사회적 가치법 이행과 관련된 걸림돌과 확대적용 가능성을 포함한 집행상황을 고찰한 보고서를 발표했다. 그 내용을 살펴보면 다음과 같다.

4.1 개요

사회적 가치법은 다양한 조직에게 긍정적인 성과를 제공하고, 이 조직들이 사회적 가치법을 지지한다는 점은 유의할만하다.

이에 데이비드 영(David Young) 상원의원과 내각사무처장은 사회적 가치법 적용대상 공공서비스가 계약금액 기준 €750,000(약11억원)로 인상되는 것을 공공서비스규정 개정(Public Contract Regulation 2015)[23]을 통해 유예하였다. 이에 따라 보건, 사회복지, 교육 분야 상당수 서비스가 사회적 가치법 적용대상이 될 것이다. 이는 공공기관 조달담당자와 서비스공급자에게 사회적 가치법의 중요성을 다시 한 번 각인시킨 것이다.

이 보고서는 다음과 같은 문제점을 통해 사회적 가치법 잠재성을 개발하기 위해 더 많은 노력이 필요하다는 점을 확인하고 있다:

1. 사회적 가치법에 대한 인식 혼선
2. 사회적 가치법에 대한 다양한 이해
   - 사회적 가치 정의 및 조달절차 적용 시점 문제
   - 법적 틀과 조달규정에서 사회적 가치 적용 문제

23) Public Contract Regulation 2015 (2015) Cabinet Office
http://www.legislation.gov.uk/uksi/2015/102/contents/made (accessed 10 Oct. 2018)

- 조달절차 착수 전 사회적 가치에 대한 명확화 문제

3. 사회적 가치 측정 문제

핵심은 이러한 문제에 대한 대책이 앞으로 빠른 시간 안에 수립되어야 하며 이를 토대로 보다 구체적인 평가가 진행될 수 있도록 추진해야 한다. 사회적 가치법의 효과적인 적용과 사회적 편익을 정량화하기 위한 평가방법을 고민하는 것은 매우 중요하다.

이미 사회적 가치법을 통해 조달담당자들은 사회적 가치 이해를 기반으로 사회책임조달을 위한 사회적 가치 실행방법을 재량으로 행사하도록 권한을 부여받았고, 사회적 가치 적용으로 상당한 편익이 구현되고 있다는 사실을 국민과 이용자에게 알리는 일은 사회적 가치 혁신정책을 수행하는 데 있어 매우 중요하다.

4.2 성과

현재까지 사회적 가치법은 긍정적인 성과를 초래했다. 이는 지방정부뿐만 아니라 중앙정부기관과 시민사회단체 등을 비롯한 다양한 부문도 포함한다.

이 보고서는 구매력을 활용하여 사회적 가치를 창출 사회책임조달이 긍정적인 성과를 가져왔다고 평가한다:

- 이 보고서 설문조사[24]에 응했던 지역주민 60% 이상이 사회적 가치법이 지역공동체에 긍정적인 영향을 가져다주었고, 82%는 지역경제에 긍정적인 성과가 있었다고 생각했고, 그리고 72%는 지역사업에 긍정적인 성과를 내

24) 공공기관 조달담당자, 서비스공급업체, 기타 이해관계자 등 298명을 대상으로 한 온라인설문조사

고 있다고 답했다.

- 설문조사에 재정적 투자(66%)와 환경적 개선(66%), 지역 공급망 활용(70%), 청년 및 취약계층 고용(75%) 그리고 지역주민 직업훈련 및 고용기회제공(83%) 등 다양한 편익이 보고되었다.

사회적 가치법을 적용한 중앙정부부처는 상대적으로 적었으나 지방정부에서 실현한 사회적 가치가 중앙에도 영향을 주었다는 사실이 확인되었다.

이 보고서는 조달담당자가 관료주의 혹은 불공정 행위를 지양한다는 전제하에 사회적 가치법이 (중소기업과 시민사회조직 등) 소규모조직에게도 긍정적인 영향을 주었다는 사실을 확인했다.

통상적으로 소규모조직은 사회적 가치 제공에 적합하기 때문에 사회적 가치법은 이들 조직에게 경쟁적 우위를 제공한다. 시민사회조직은 핵심사업 일환으로 사회적 가치를 제공하곤 하지만, (사회적 가치법을 인지하고 있지 않던) 소규모 사업체들도 공공기관 조달담당자들이 사회적 가치법에 의거하여 요청하는 지역 특성에 맞는 기존보다 개선된 서비스를 제공할 수 있는 적합한 기관이다.

이 보고서는 조달담당자들이 해당지역이 가치를 두는 것을 제공하기에 적합하다고 간주하는 중소기업을 재정적으로 지원하기 위해 사회적 가치법을 활용하는 사례를 확인했다. 런던시 람배스구(Lambeth Council)는 관내 중소기업을 위한 예산을 ￡159,000,000에서 ￡180,000,000으로 늘렸지만, 총 지출금액은 낮췄다. 더럼지방정부(Durham Council)는 중소기업 지원예산을 ￡30,000,000까지 삭감했지만 총예산의 절반가량(51.8%)을 중소기업지원예산으로 전용했는데, 이중 31.4%는 소기업 지원에 사용했다. 두 지자체 모두 사회적 가치법 이행을 선도하고 있다.

하지만 일관성 없는 사회적 가치법 적용은 중소기업에게 위협이 되기 때문에 중소기업이 조달절차에 불이익을 받지 않고 사회적 가치를 구현할 수 있도록 공정하고 투명한 보다 체계적인 조달절차가 요구된다.

특히 조달담당자는 다음과 같은 내용에 유의해야 한다:

- (과거 사전자격심사처럼) 모든 예비 서비스공급자들이 사회적 가치와 관련된 정보를 제공하도록 하는 공개적인 정보요청
- 예비 서비스공급자들의 핵심사업 혹은 제공 가능한 서비스와 관련 없는 결과물 요청(공공기관 조달담당자와 예비서비스공급자가 참여하는 사전입찰 회의는 이를 방지할 수 있다)
- 사회적 가치를 불명확하게 제시한다면 사회적 가치 측정에 시간이 소요되고 이는 역량이 부족한 소규모조직에게 불리하기 때문에 처음부터 사회적 가치를 명확히 할 필요가 있다.

4.3 걸림돌

위에 언급한 긍정적인 성과에도 사회적 가치법 이행에 세 가지 걸림돌이 확인되었다.

(1) 사회적 가치법에 대한 인식 혼선

정확히 얼마나 많은 이들이 사회적 가치법을 인지하고 있는지를 확인하는 것은 어렵다. 이 보고서 설문조사에 따르면 298명 응답자 중 86%가 사회적 가치법을 인지하고 있다고 답했다. 그러나 이는 사회적 가치법 이행과 관련된 사무를 수행하고 있는 이들을 대상으로 조사한 것이기 때문에 이미 사회적 가치법을 인지하고 있었을 가능성이 있다.

따라서 전반적으로 조사하면 사회적 가치법에 대한 인지도가 낮아질 수 있다. 실제로 (지방자치단체, 주택협회, 시민사회단체, 대규모 사업체 등) 특정 집단에서 사회적 가치법을 인지하고 있는 비율이 높은 반면 기타 집단의 경우 그 비율이 상대적으로 낮은 것으로 확인되었다.

- 설문조사대상 소규모 사업체들은 사회적 가치법을 알리려고 노력하는 ('지역경제 살리기' 운동을 추진하는 소상공인연합회와 같은) 일부 집단을 제외하고 사회적 가치법에 대한 인지도가 상대적으로 낮았다.
- 중앙정부부처의 경우, 대부분 조직은 사회적 가치법에 따라 일반적인 조달지침을 수정했지만, 해당조직 조달담당자들에게 충분히 전달되지 않았다.

일부 자원부분 서비스공급자들은 지자체 조달담당자들이 사회적 가치법에 대한 인식이 낮다고 보고했다. 상대적으로 사회적 가치법에 대한 인지도가 높은 지자체도 지자체마다 사회적 가치법에 대한 인식 수준이 차이가 있는 것으로 확인되었다.

사회적 가치법에 대한 조달담당자들의 일반적인 인식과 조달절차에 적극적으로 포함시키는 정도에 차이가 있다는 사실을 확인했다. 설문조사 응답자 71%는 사회적 가치법 도입 전에는 사회적 가치를 덜 고려했다고 말했다. 하지만 조달담당자들 사이에 사회적 가치에 대한 고려 범위와 깊이에 차이가 있었다.

사회적 가치법에서 언급한 '지역(local area)'이라는 개념은 중앙정부부처로 하여금 사회적 가치법과 별로 관련이 없다는 생각을 하게 만들었다. 실제로 사회적 가치법은 지자체뿐만 아니라 중앙정부에도 동일하게 관련이 있다. '지역'이라는 용어는 '이해관계자'라는 의미로 해석되어야 할 것이다. 일례로 국방부는 특정지역이 아닌 퇴역군인의 복지에 관심이 있으며, 최근 군사훈련을 위한 부지관리를 종업원 50%가 퇴역군인으로 이루어진 랜드맥(Landmac)에게 위탁하였다.

또 한 가지 특징은 지자체와 주택협회가 추구하는 사회적 가치편익은 지역주민이나 임차인에게 직접 구현되는 것과 달리 중앙정부부처에 의한 사회적 가치편익은 직접적으로 관련이 없는 곳에서 구현된다는 점이다. 하지만 이 문제는 극복할 수 있다. 일례로 사회성과연계채권(social impact bond)[25]은 중앙정부부처 간 조달을 통해 결과물을 공유할 수 있도록 돕는다.

(2) 사회적 가치법에 대한 다양한 이해로 기인하는 일관성 없는 적용

사회적 가치법이 제대로 적용된다면 예산삭감에 직면한 조달담당자들이 관료주의적이거나 혹은 불필요한 절차를 거칠 필요 없이 가격대비 실제 가치를 확보하는 수단으로 활용할 수 있다. 하지만 사회적 가치법이 제대로 사용되기 위해서는 시간과 자원의 낭비를 초래할 수 있는 관료주의적 절차를 피하면서 사회적 가치법을 어떻게 적용시킬 것인지에 대해 숙고할 필요가 있다.

모범이 될 만한 사회적 가치 구현절차가 있어도 사회적 가치법 적용에 있어서 공공기관별로 차이가 있고, 특히 다음과 같이 반복적으로 발생하는 문제가 확인되었다.

모범적인 조달절차가 될 수 있는 사회적 가치법이 강조하는 공공조달착수 전 서비스공급자와 소통이 종종 간과되었다.

25) 사회성과연계채권(SIB: Social Impact Bond) 혹은 사회혁신채권은 민간의 투자로 공공사업을 수행한 뒤, 성과목표 달성 시 정부가 예산을 집행, 투자자에게 이자와 함께 상환하는 일종의 계약이라 할 수 있다. 사회성과연계채권으로 정부는 성공한 사업에만 예산을 집행하여 국민의 세금을 절약하고, 더 많은 공공사업 수행이 가능하고, 투자자는 사회공헌과 투자를 동시에 실행하여 효율적·효과적인 자금활용이 가능하기 때문에 공공의 과제를 해결하는 혁신적인 아이템으로서 선진국을 중심으로 적극적인 도입이 이루어지고 있다.

- 공공서비스 공급시장이 무엇을 제공할 수 있는지를 인지하게 되면 공급대상기업이 실현가능한 사회적 가치의 한계성으로 소규모 기업의 참여를 배제시키는 결과로 나타나는 경향이 있다.
- 서비스설계 단계에서 사회적 가치를 생각한다면 혁신을 도모하면서 서비스 사용자를 위한 서비스가 설계가 되어야 한다.
- 사회적 가치를 조달이 착수 된 후 고려한다면 서비스 개선을 추구하기 보다는 형식적인 절차가 될 위험이 있다.

사회적 가치법 적용을 명확하게 보완하지 않을 경우 법적문제를 초래할 수 있다는 위험이 확인되었고, 이는 일부 조달담당자들로 하여금 사회적 가치 조달을 회피하도록 만든다. 이 보고서는 비록 이러한 법적문제가 극미하고 (법적 책무가 면제되는 환경에서 입찰자들로 하여금 사회적 가치 구현에 대해 경쟁적으로 제안하도록 하는) 특정 절차 도입으로 잠재적인 위험을 최소화할 수 있다고 이야기하고 있다.

일부 조달담당자들은 입찰기획단계가 아닌 조달단계에서 공개적으로 사회적 가치 결과물을 요청하였다.

이러한 방법은 공공서비스를 구매하여 공급하려는 공공기관에게 도움이 안 되고 (사전입찰자격심사와 같은) 정부가 추진하는 관료주의 배제정책과도 어긋나는 (특히 소규모 사업자들에게) 관료주의적 부담을 안겨준다.

(3) 사회적 가치 평가 개발 필요성

사회적 가치가 다양한 편익을 제공하는 것은 분명하지만 이러한 편익을 평가하는 것은 아직 개발단계에 머물러 있다. 많은 조직들이 달성한 결과물과 심지어 그들이 만들어낸 성과에 대해 차이를 얘기하지만 객관적 차별화를 설명하는데 여전히 한계가 있고 이러한 성과를 재무적 가치로 정량화하는 조직은 드물다.

하지만 성과측정은 계속 성장하는 분야이고, 일정부분 발전도 있었다. 일례로 인스파이어링 임팩트(Inspiring Impact)는 10년간 진행되는 프로그램으로 성과측정을 개발하고 있다(이 프로그램은 내각사무처로부터 초기 2년 간 재정지원을 받았다). Inspiring Impact는 다양한 성과측정 도구와 정보를 온라인으로 제공한다(http://inspiringimpact.org/listings/). 특히 이 프로그램을 통해 사회적 가치 결과물 측정을 위한 단위비용정보와 재정적 지표가 개발되어 사회적 가치를 고려한 사회책임조달을 통한 차이를 평가할 수 있게 되었다.

이러한 사회적 가치측정 개발도구는 예산지출대비 창출되는 가치를 산정하는 도구로서 명확한 필요성과 확대잠재성이 있다. 하지만 현존하는 문제를 해결할 필요가 있다:

- 성과측정방법 선정 및 적용시점에 대한 불명확성
- 조달기관이 원하는 측정대상에 대한 불명확성 (이는 소규모 공급자에는 부담으로 작용될 수 있다)
- 정량화 문제와 비교 역량 부족은 객관적인 입찰 평가와 가격대비 어떤 가치가 구현되는지 이해하기 어렵게 만든다(일례로 입찰평가 시 조달담당자는 사회적 가치를 추구하는 제안의 가치를 인지하지 못하거나 혹은 특정 사회적 가치가 투자할 만한 가치가 있는지 합리적·객관적 결정을 내리지 못하곤 한다.)

4.4 제안

사회적 가치법 적용방법이 실제로 사회적 가치를 추구하는지 아니면 단순히 관료주의적으로 진행하는지에 따라 사회적 가치 결과물이 달라질 수 있다. 이 보고서는 다음과 같은 모범적인 조달방법은 확인했다.

다음은 사회적 가치를 구현하는 10단계 조달방법이다.

1. 우선적으로 추구해야 하는 사회적 가치 확인
2. 법적허용범위에 대한 이해
3. 계약과 관련된 예상되는 사회적 가치 구현 결과물 확인
4. 계약을 통한 가격대비 가치 확보 방법 확인
5. 공급시장이 제공할 수 있는 사회적 가치 확인
6. 특정 서비스공급자를 소외시킬 수 있는지 조달절차 확인
7. 사회적 가치결과물을 서비스명세서에 명시하여 계약요건과 혁신 간 균형 도모
8. 사회적 가치를 구현해내는 서비스공급자와 긴밀한 소통
9. 조달절차를 통한 낙찰자 선정
10. 계약관리 및 서비스공급자가 제공하는 사회적 가치 측정

상기 제안 대부분이 조달절차 착수 전에 이루어진다는 점에 유의할 필요가 있다.

서비스공급자들은 모범적인 행위를 채택할 필요가 있다. 다음은 서비스공급자가 채택할 수 있는 5단계 방법이다.

1. 지역사회의 필요와 계약기관의 공감과 필요에 대한 이해
2. 사회적 가치를 추가사항이 아닌 핵심사업 일환이 되도록 고려
3. 사회적 가치와 입찰대상 계약과 관련성 확인
4. 예산삭감에 직면한 조달담당자를 위한 가격대비 가치를 구현하는 사회적 가치 제안
5. 혁신 제공, 이해관계자를 위한 서비스 설계, 특정 서비스공급자 소외 방지 등 조달담당자를 지원하기 위한 사회적 가치 활용

물론 특정 측정방법을 강제하는 것은 혁신을 저해할 위험이 있다. 조달담당자는 다른 조달처럼 객관적 판단과 주관적 판단 그리고 요건과 혁신 사이에서 균형을 맞출 필요가 있다. 하지만 특히 사회적 가치가 조달착수 전에 고려되는 경우, 사회적 가치 평가를 위한 개선은 다른 조달의 경우와 크게 다를 바 없다.

내각사무처는 사회적 가치 측정과 평가의 틀을 강화시키는 방법을 적극적으로 고려하고 있다.

하지만 사회적 가치 측정에 더 많은 연구가 필요하다는 점을 인정하고 지난 10년간 사회적 가치 평가를 해온 Inspiring Impact로 하여금 다음 내용을 포함하여 사회적 가치 측정방법을 개발하도록 했다:

- 조달담당자가 사회적 가치 계약을 통해 구현된 부가가치를 측정하기 위한 방법론 개발(필요한 경우 자문을 통해 일반적으로 동의하는 사회적 가치 측정방법 개발)
- 다양한 조달 유형에 요구되는 사회적 가치 측정기준 수립
- 시민사회단체와 사회적기업을 포함한 소규모 사업체에 대해 잠재적 부담을 제외시키는 측정원칙 장려

5. 시사점

현재 우리나라는 국가산업 성장율의 둔화와 4차산업의 성장, 청년실업 등 일자리의 문제와 같은 경제적 문제, 저소득층의 증가, 고령화 국가로의 진입, 세대간의 갈등, 양극화 같은 사회적 문제, 미세먼지 쓰레기 대란과 같은 환경적 문제 등 국가가 당면한 수많은 난제들을 어떻게 풀어 나갈 것인가?에 대한

고민이 있을 것이다. 하지만 이러한 고민거리는 모든 나라의 과제요 풀어야 할 숙제다. 영국의 국가 혁신계획을 살펴본 바로는 다양한 측면의 국가 및 지역의 난제를 해결하기 위한 방법론으로 사회적 가치기반 사회혁신으로 국가적 변화를 유인하고 있음을 알 수 있다.

국가 및 공공기관이 한정된 예산으로 공급하는 수많은 공공서비스를 어떻게 공급할 것인가? 공공서비스의 품질경쟁력을 향상시키고 더 나은 공공서비스를 국민이 누릴 수 있다면 행복한 국민으로 삶을 살 수 있을 것이다. 이러한 국가를 만들기 위해선 어떤 방법론으로 가능한가? 영국을 더 부유하고 공정하게, 더 안전하고 강력하게, 더 현명하고 자연친화적인 국가를 만들기 위해 사회적 가치를 정부혁신의 기제로 사용하여 변화와 혁신을 추진하고 있다.

이를 이행하기 위해 공공, 민간, 사회적 가치를 지향하는 사회연대경제기업 등을 동격의 파트너로 삼아 국가와 지방이 당면한 다양한 문제를 해결하는 주체로 동참시키려 하고 있다. 구체적으로는 공익과 공동체 발전에 기여하게 하는 방법으로 사회적 가치를 기반으로 한 사회책임조달을 통해 사회혁신·국가혁신을 추진하기 위한 구체적인 제도와 절차를 만들어 추진 중에 있다. 공공기관별로 고유의 목적성과 지역성을 살펴 어떠한 사회적 가치를 지향하면서 조직내부의 혁신을 추구 하게 할 것인지? 또한 공공기관의 파트너를 통해 공유가치창출을 지향하게 하여 정부가 당면한 문제를 해결하는데 동참하게 할 것인지에 대한 구체적인 정책 프레임을 설계하고 실행계획을 수립하는 것이 중요하다.

영국의 사회적 가치 정부혁신정책이 주는 국내에 주는 시사점을 요약하면 다음과 같다.

첫째, 정부 및 공공기관이 사회적 가치를 구현시키기 위한 프레임을 설득력 있게 만들어 주요 이해관계자들에게 설명해줄 필요가 있다.

둘째, 국무조정실 등과 같은 기관에서 중앙정부, 지방정부, 공공기관, 민간기업,

시민사회 등이 사회적 가치를 지향하도록 참고 할 수 있는 가이드라인과 공직관 변화를 유인하기 위한 체감형 교육프로그램을 개발·운영할 필요가 있다.

셋째, 정부 및 공공기관별로 사회적 가치를 유형화 하고 실행가능 한 내부 규정정비와 이를 기반으로 한 업무 프로세스를 재설계(BPR : Business Process Reengineering)할 필요가 있다.

넷째, 정부 및 공공기관별로 공급중인 공공서비스를 예산한계성을 극복하면서 국민체감·국민만족 공공서비스 될 수 있도록 공공서비스 리디자인 (PSRD : Public Service Redesign) 지향 혁신이 추진될 필요가 있다.

다섯째, 민관협력 공공서비스 공급 프레임을 시대적 맥락에 맞게 고도화(PPSP : Privet Public Social Partnership)하여 운영할 필요가 있다.

영국 공공기관의 사회적 가치구현 사례가 주는 시사점을 요약하면 다음과 같다.

첫째, Highways England가 그간 추진해온 업무를 국가 및 지역사회 문제를 해결하기 위한 방향으로 재검토한다.

공공성강화 측면에서 조직변화의 방향성에 대해 전사적 공감대를 유인한다.

둘째, 조직의 목적사업과 지역여건 등을 종합적으로 고려하여 실행 가능한 사회적 가치를 유형화하고 설정한다.

셋째, 전 부서가 공감하고 이행 가능한 사회적 가치 구현을 위한 업무적 절차와 프로세스를 재수립한다.

넷째, 사회적 가치 구현을 지속적으로 모니터링하고, 평가하여 기관의 본연적 기능과 더불어 공공성 강화 측면에서 창출되는 사회적 가치성과를 확대하고 지속적으로 재생산할 수 있는 방안을 수립한다.

다양한 분야의 공공서비스를 공급하는 공공기관의 공공서비스를 혁신하기 위해 내부적 조직혁신과 업무혁신을 추진하고 외부적으로는 협력기관과 동반성장

전략에 의해서나 사회책임성을 강화하여 국민과 지역주민들의 삶의 질 증진, 지역사회활성화에 기여하게 함으로써 지역경제발전과 지역주민 복지증진을 도모고 있는 사례는 우리나라 공공기관에도 분명한 시사점을 주고 있다.

참고문헌

Alcock P. (2015) *The Big Society and the third sector* Social Policy Association

A renewed global partnership for development (2013) The United Nations

Best Value Statutory Guidance (2011) Department for Communities and Local Government

Blair T. (2002) My vision for Britain: by Tony Blair *The Guardian* 10 November, UK edition

Buying Social: A Guide to Taking Account of Social Considerations in Public Procurement (2010) European Commission

Cameron D. (2010) "Big Society Speech" Cabinet Office https://www.gov.uk/government/speeches/big-society-speech (accessed 10 Oct. 2018)

Communities in Control: Real People, Real Power (2008) TSO

Cooney R. (2017) *David Cameron admits failings in his big society agenda*

The Third Sector
Greater Manchester Local Commissioning Academy (2016) The Greater Manchester Combined Authority (GMCA)
Hardman I. (2017) *What does Theresa May's 'shared society' really mean?* The Spectator
Haugh H. & Kitson M. (2007) *The Third Way and the third sector: New Labour's economic policy and the social economy* Cambridge Journal of Economics, 2007, 31, 973-994
Jump P. (2007) "The Blair legacy: good for the sector, less so for beneficiaries" Third Sector UK https://www.thirdsector.co.uk/blair-legacy-good-sector-less-so-beneficiaries/policy-and-politics/article/656882 (accessed 10 Oct. 2018)
Launch of Big Society Capital - the world's first ever social investment market builder (2012) Cabinet Office https://www.gov.uk/government/news/launch-of-big-society-capital-the-world-s-first-ever-social-investment-market-builder (accessed 10 Oct. 2018)
Local Government Act 1999 (1999) Legislation UK
https://www.legislation.gov.uk/ukpga/1999/27/contents (accessed 10 Oct. 2018)
May T. (2017) "The shared society" Cabinet Office https://www.gov.uk/government/speeches/the-shared-society-article-by-theresa-may (accessed 10 Oct. 2018)
Modernising Government (1999) Cabinet Office, https://webarchive.nationalarchives.gov.uk/20131205101137/http://www.archive.official-documents.co.uk/document/cm43/4310/4310.htm (accessed 10 Oct. 2018)
Norman J. (2010) *The Big Society: The Anatomy of the New Politics* Oxford Press

Our approach to evidencing social value (2013) Big Society Capital

Our Money, Our Future: Opportunities for the Social Value Act (2017) The Social Value Portal

Public Contract Regulation 2015 (2015) Cabinet Office http://www.legislation.gov.uk/uksi/2015/102/contents/made (accessed 10 Oct. 2018)

Public Services (Social Value) Act 2012 (2012) Legislation UK

http://www.legislation.gov.uk/ukpga/2012/3/enacted (accessed 10 Oct. 2018)

Realising Social Value within the Design and Delivery of Highway England Infrastructure Projects (2017) Highways England

Revised best value statutory guidance (2015) The Department for Communities and Local Government

Robinson D. (2014) Why we must resurrect the big society, *The Guardian*, 17 May, UK edition

Social Enterprise: a strategy for success (2002) Department of Trade & Industry

Social enterprise action plan Scaling new heights (2006) Office of Third Sector

Social Value Act Review (2015) Cabinet Office

Sustainable Development Strategy (2001) European Commission

The shared society: Prime Minister's speech at the Charity Commission annual meeting (2017) PM Office

The Public Services (Social Value) Act 2012: introductory guide (2012) Cabinet Office

Wheeler B. (2017) *Tony Blair's legacy 20 years on* BBC News

CHAPTER **05**

사회적 가치와 지방공기업 혁신전략 – 종합 토론

참여 | 윤진호, 오수길, 배성기

사회 및 기록 | 임봉규

사회적 가치와 지방공기업 혁신전략 – 종합 토론

참여 : 윤진호, 오수길, 배성기

사회 및 기록 : 임봉규

임봉규 모두 바쁘신 와중에도 끝까지 결과를 만들어 주셔서 감사드립니다. 오늘은 본격적인 출간을 앞두고 상호토론을 통해 책이 담고 있는 문제의식을 발전시키고, 보완할 내용들을 살펴보고자 합니다. 진행 순서는 계획한 목차의 순서대로 오수길 교수님의 글부터 질문과 토론을 갖고 후행 연구에 대한 제안으로 마무리 하겠습니다. 우선 오 교수님의 글에 대한 질문부터 갖겠습니다.

다른 분들 질문 없으시면 제가 먼저 질문 드리겠습니다. 글의 후반에 사회적 가치 지표 설계에서 SDGs로 목표체계를 전환해야 한다고 제안하셨는데, 저는 설명이 좀 부족하다는 생각이 듭니다.

오수길 SDGs는 현재 사회적 가치 목표 설정에 좋은 보완책이라는 생각입니다. 지속가능발전이라는 것이 표준으로 정립되어 있고, UN회원국 193개국이 만장일치로 채택한 국제표준이고 공공부문도 지속가능경영보고서를 내니까 무엇보다 2030년까진 길게 가져갈 목표고 또한 이걸 활용하면 세계, 국가. 지역을 연결할 수 있어 유용한 도구가 되리라 본 겁니다.

윤진호 SDGs식으로 하면 된다. 이렇게 정리 하신 거네요.

오 어제 환경공단 지속가능경영 최종보고서가 왔어요. 지속가능경영보고서에 각각의 환경공단 업무에 SDGs 해당지표를 붙이고 업무를 개선해 보면, 늘 내가 하는 업무가 어떤 목표에 기여하는지 고민할 수 있는 거니까 그런 관점에서 제시를 한 것인데. 아무튼 풍부한 설명을 하지 않고 황급히 마무리를 하다보니까 설명이 부족했습니다.

윤 제 문제의식은 사회적 가치를 중심으로 평가한 부분과 좀 겹쳐지는 항목이 있잖아요. 그것은 그러한 방식으로 참조해서 정립해 나가는 게 필요한 거 같은데, 정작 제가 느끼는 문제의식은 측정가능한 지표가 없음으로 인해 실제로는 뭐냐면 지표의 취지, 정의가 쭉 있는데 뭔가 뭘 한다. 그런데 그걸 측정하는 지표가 의외로 없으면서...

오 232개나 있어요. 지표가

윤 구체적인 사례가 당장에 생각이 나지 않네요. 원래의 취지와 부합되지 않는 지표가 있더라고요.

오 17개의 그림은 목표에요. 지표가 아니고

윤 그러니까 목표가 있잖아요. ○○시걸 보면서 느꼈거든요. 마지막에 측정을 그것의 실현여부를 뒤의 지표가 측정하잖아요.

오 저도 지속가능경영보고서 그렇게 낼 라면 차라리 내지마라. 뭐냐면 지속가능경영 그 팀만 쓰는 거죠. 나머지는 몰라요 그런 게 있는지도. 그렇게 가면 안 된다. 그 다음에 문재인 정부 100대 국정목표가 있고 23개 정부부처가 467개 국정과제를 잘 하고 있다고 평가를 하고 있는데 정작 정부업무평가 때는 그런데 100대 국정목표는 하나도 달성이 되고 있지 않다. 작년 말에 총리실이 깨달았거든요. 지속가능경영보고서도 지표가 있긴 하지만 나랑 상관없는 거 에요. 지속가능경영보고서 앞에 쭉 전략이고 목표고 쭉 있는데 나랑 상관없는 거 에요. 그거를 내 업무랑 도대체 무슨 상관이냐 내가 열심히 일하면 어떤 목표에 기여한다는 거지, 내가 열심히 하면 어떤 가치를 구현한다는 거지 그것 없이 부서별로 일하고 있고, 그거랑 관계없이 지속가능경영보고서에는 온갖 지표들을 나열해 놓고 이렇게 된 지점에 대해서 말하는 거죠.

윤　저는 이렇게 이해가 되더라고요. 우리가 일반적으로 행정이든 공기업이든 지표기반의 경영체계에 익숙하지 않아서, 뭐냐면 우리가 앞단의 목표들을 달성하기 위한 풍부한 지표가 없는 현황이란 걸 좀 더 느꼈어요. 현재는 유사한 지표를 앙상하게 찾아내는 거죠. 제가 볼 때는 현장에서. 원래의 의도를 드러내는 지표로 만들고 축적해 놓지 않았기에 실제로는 원래 의도와는 무관한, 또는 어떤 의미에서는 목표와 부합되지 않는 측정지표가 되는 사례들이 있는 거다. 그렇게 될 때 우리 행정이든 공기업이든 요구중심의 지표를 정리해내고 그것을 측정해나가는 경영체제의 전환문제가 행정경영체제의 전환문제가 동반돼야 한다는 문제의식이 저는 있었어요.

오　강의할 때 늘 그 이야길 하는데 그걸 여기에 안 쓴 거죠. 그게 뭐냐면 지속가능경영지표는 또 지속가능목표 범주 17개는 등대지표에요. 등대빛이 반짝거리듯이 등대지표가 뭘 알려 주냐면 실업률, 자동차 사상자

수, 가정별 에너지소비량 그런 걸 알려주는 겁니다. 그런데 우리 행정부서에서는 하는 일이 재취업 희망자 교육. 이걸 하고 있어요. 그러면 요기 성과지표는 재취업희망자교육생수. 이렇게 하는 거죠. 근데 등대 빛은 계속 실업률이 높아지고 있다고 계속 신호를 주는데, 내 성과지표는 계속 재취업희망자를 채워서 동원해서 교육생만 많이 배출하면 되는 거죠. 기존의 성과평가는 성과관리는 여기만 하고 있었다는 거죠. 등대지표는 전혀 생각을 안 하고. 그러니까 내가 재취업희망자를 계속 늘리면 그것을 우리 부서가 하면은 실업률이 떨어질까 이거는 한 번도 고민해 본 적이 없다는 거죠. 그러니까 자꾸 등대지표를 어떻게 하면 보게 할까. 그 얘기를 하자는 거죠.

윤 중요한 문제죠. 그러니까 우리가 자살률. 우리가 자살을 줄이자. 이렇게 하면은 자살률 자체가 지표가 되어야 하는데 자살률을 예방하기 위한 도우미들의 회의숫자나 아카데미를 얘기한다는 거죠. 이것은 실제로 행정이 수요자에게 전달되는 서비스 또는 어떤 삶의 변화를 책임지기를 두려워하는 면도 있고 실제로는 그렇게 되면서 본질과 괴리된 부분들을 행정적 성과로 가져가려는 면인 거 같아요.

오 그러니까 등대지표랑 성과관리지표랑 완전히 같으면 젤 좋고, 그 간격을 좁혀나가는 운동을 하고 있는 거죠. 지속가능운동이란 게. 그런데 행정이 우리 부서 열심히 일한다고 실업률이 떨어져요. 대기먼지가 없어져요. 늘 얘기를 하니깐 최소한 등대처럼 보고 본인이 하는 일을 해마다 살펴봐라. 10년 전에 하던 일 계속 똑같이 하지 말고. 그걸 하고 있는 거죠.

윤 제가 예를 들자면 서민의 주거생활을 안정화하자. 이것을 사회적 가치로 LH든 SH든 했다고 한다면. 예를 들자면 임대주택 공급률 자체가 지표가 되어야 한다는 거죠. 이것을 하지 않는 거죠.
물론 목표의 타당성 문제가 논란이 될 수도 있잖아요. 적정 임대주택 공급률이 어느 정도 되어야 서민의 주거안정이 되냐. 여러 가지 논의가 있지만 그래도 일반적으로 20%는 공급해야 된다. 또는 OECD평균이 어떻게 되느냐. 실제 OECD평균이 되어도 우리나라가 서민의 주거생활이 안정이 안 될 수도 있잖아요. 왜냐면 주택시장의 특징이 다 다르니까. 그렇게 되지만 적어도 현재 이 정도까지는 가야 되고, 그 문제를 어느 정도까지 달성하자란 과감한 형태로 지표화가 될 필요가 있다는 생각을 하거든요.

오 그러니깐 사실은 비전이 시민이 주인인 공기업. 요게 비전이기보다도 2030임대주택 300만호 건설. 요렇게 딱 내세우는 게 비전일 수 있잖아요. 그러니깐 우리학교을 예를 들자면 2030 국내 대학 브랜드 10위. 국내 사이버 대학 브랜드 10위가 아니라. 국내 대학 브랜드 10위 이런 가시적인 게 필요하죠. UN에서도 빈곤퇴치가 목표가 되지만 실제 워딩은 2030년까지 1.5달러로 사는 애들을 10억 이하로 줄인다. 실제 부서 목표를 전략적 목표를 그런 식으로 내세워야, 내 일이 기여를 하는 거죠. 지금 성과관리 구조는 그냥 뭐 회의건수, 교육생수, 사회적 기업인증수. 인증 1000호 그러면은 개수만 맞으면 1000개 인증해주고 연말에 999개 없애도 상관없이 일이 되는 거잖아요. 사장님 말씀처럼 그거 자체가 내 성과가 되어야지. 이걸 지향을 하는데 자꾸 반발을 하니깐 성과지표를 못 건드리니까 등대지표 개념으로 지속가능목표를 그렇게 제안을 하는 거죠.

배성기 정부가 사회적 가치를 유형화 하면서 SDGs지표체계를 고려했다고 정부자료에 설명하고 있는데요. 그럼에도 지속가능경영체계를 국가 혁신의 전면프레임으로 내세우지 않는 이유는 현 정부가 사회적 가치를 중심으로 혁신을 추진하는 데 지속가능경영이라는 글로벌 기준을 내세워서 혁신의 메인프레임으로 내세우기에는 차별성이 없다고 생각했을 것 같아요. 매 정권마다 정부혁신 방향의 아이덴티티를 만들어내는 게 중요하기 때문일 것입니다.

정부가 제안하는 사회적 가치는 우리가 사는 지금 시대의 다양한 사회문제 해결을 위한 가치를 내포하고 있어요. 이것을 사회적 가치로 이해하면서 SDGs 등을 고려하여 공기업이 혁신을 추진하자는 내용은 맞지만, 정부가 추진하는 사회적 가치혁신을 추진하는 기관에서는 조금 다르게 볼 수 있습니다. 저는 현 정부가 제안한 사회적 가치 13가지 유형을 봤을 때 포용성, 확장성, 현장성이 부족할 수 있다는 생각이 들었어요. 이유는 영국에서는 사회적 가치 유형을 경제, 환경, 사회란 큰 틀로 나눠서 좀 더 쉽게 이해 시키고 지역의 경제적인 문제, 지역의 사회적 문제, 지역의 환경의 문제와 사회적 가치를 연계시켜 실제적 변화를 만들어 나갈 수 있도록 그 지역과 수행기관에 맞게 사회적 가치를 정의하고 실제적 변화를 만들어 내는 형태로 사회적 가치를 추진하고 있거든요.

오　SDG도 경제, 사회, 환경이에요.

배　네 맞습니다. 현 정부의 사회적 가치 혁신 프레임도 SDG라는 방법론을 고려했다고는 하지만 구체적으로 경제, 사회, 환경 분야를 구분하여 혁신을 추진하자고 제시하지 않는다는 거죠. 혁신적 포용국가라는 국가혁신모델을 통해 한국형 사회적 가치 13가지를 제안하고, 이를 통해 사회문제를 해결하겠다는 것인데요. 이는 사회적 가치 실현방법론에 대한 구체성과 혁신의 논리가 부족해 보여요. 영국정부에서는 지속가능경영의 범주에 의해서 혁신을 추진하되 정부혁신 맥락으로는 큰사회(Big Society)라는 공공서비스혁신과 사회적 가치 혁신방법론을 가지고 공기업이나 지방정부에 사회적 가치를 실현하도록 유인한다는 것이죠.

오　　그거는 사회적가치법이니깐 그런 거 아니에요.

배　　네.. 제가 보기에는 영국은 사회적 가치법에 기반해서 정부혁신 모델과 정부혁신 방법론과의 연계성과 구체성이 높아 보입니다.

윤　　전 그거에서 약간 더 현장 지향으로 문제를 들여다보면, 뭐냐면 지속가능발전에 대한 것을 문제제기하고 그것을 지표체계로 점검하자. 또 사회적 가치를 중시여기고 사회적 가치 실현여부를 지표화 하자 했을 때. 두 가지 다 마찬가진 게 뭐냐면 현장에서 기초정부든 지방공기업이든 다양한 시도들이 있지 않을까요. 그 시도들 가운데 약간 구체화된 지표를 갖고 모범적인 것들을 발굴해내고 연결해내는 작업들이. 뭐랄까 과정에서 상당히 축적이 되어야 실제로 유의미한 형태로 작동이 될 거 같아요. 지금 어떻게 보면 둘 다 일정하게는 외국의 틀이 이식된 면이 있잖아요. 이식되었을 때, 우리의 특성들. 현장에서 컨설팅을 하면서 실제로 어떤 기관은 자기 특성을 사회적 가치를 이렇게 정했고, 우리 식으로 얘기하면 사회적가치기본법 발의됐던 것에 기타. 13번째 상이 풍부화가 되는 과정을 거치지 않고서는 그 문제가 안 되는 거 같다. 아직은 틀이잖아요. 아직은 틀인데 그런 부분이 사례로 풍부하게 되는 거. 그 틀 자체도 발전되어 나가는 이런 뭔가 과정이 있어야 되는데, 우리는 이 과정이 형식화되었다고 할까요. 약간. 그런 부분들이 앞으로 몇 년 계속 축적할 필요가 있지 않은가. 그렇지 않을까요.

배 현 정부가 제시한 한국형 사회적 가치 13가지 유형과 UN의 지속가능발전 목표는 상당부분 연계성이 있습니다. 다만 정부나 공기업이 한국형 사회적 가치와 SDGs와 연계하여 혁신의 맥락에서 그런 접점을 찾아보려는 노력이나 경험이 없었고, 그리고 기관 본연의 목적사업에 기반한 사회적 가치 사업이나 활동에 대한 것을 고민 해본 경험이 없다 보니 혼란스러운 상황이 지속 되는 것 같아요.

오 경영평가할 때 윤리경영, 책임경영, 인권경영, 환경경영...이게 다 제 각각 이에요. 담당도 나는 이 담당, 저 담당. 이렇게 있어서, 그냥 그 페이퍼를 쓰지 진짜 윤리경영과 책임경영이 연결 되어 있는 게 없거든요.

윤 그렇죠. 그렇게 되면서 우리가 앞에서 정했던 것들을 재정의 하는 수준으로 발전된 사례가 아직은 없는 거 같아요. 말씀하신 결로는 12가지 항목의 연결성이라든지 결국은 우리가 헌법적 가치에 대해 풍부하게 해석해 낸 우리의 경험이라든지. 사회적 가치라는 게 우리가 경험해 보니 이런 것이다. 라고 방법론 자체를 재정의 하는 수준까지 발전된 그런 어떤 운영경험이랄까, 아직 그 과정에서 방법론적인 역량의 강화까지는 가지를 못하는 거 같아요.

배 윤 대표님이 얘기한 공기업의 실행 가능한 사회적 가치를 정의하고 유형화 한 후 방법론을 개발하는 역량과 관련해서는 선진적 공기업들은 정부가 제시한 사회적 가치를 기반으로 한 전사경영전략을 만든 기관들은 있었습니다. 다만 사회적 가치를 조직 차원에서 어떻게 구현시킬 것인가? 라는 관점의 차이와 사회적 가치 전략의 위계구조 등이 공기업별로 차이가 있는 것 같아요. 정부혁신에 적극적인 공기업은 전사차원의 공감력을 향상 시키기 위한 교육콘텐츠를 만들고 몇 일에 걸쳐서 전직원 워크숍을 통해 체감력을 높이려는 공기업도 봤습니다. 이런 적극적인 혁신을 추진하는 공기업은 리더십이 혁신에 관심이 많습니다. 왜 정부가 사회적 가치 중심의 정부와 공기업혁신을 하려고 하는지, 강력한 리더십으로 전사 혁신 공감대를 만들어내고 혁신전략체계와 부서별, 개인별 실행과제를 만들어 사회적 가치 실행성과가 만들어지기 때문입니다. 비적극적인 공기업은 기재부와 행안부가 시키니까 어쩔 수 없이 하는.. 정부혁신의 맥락적 이해도 부족하고, 전사적 관심도가 떨어집니다.

윤 근데 어쩌면 그것이야말로 행정혁신의 중요한 과정이라고 보거든요. 관료적인 틀로 툴이 운영되는 거 같이 뭔가 하는 거 같지만 실제 그러한 노력이 현장의 변화를 어떻게 이루어냈는가 하는 것을 촉을 두고 피드백해서 이 문제가 전진해서 서너 바퀴 돌려보지 않는다는 거죠. 그게 어떤 것도 마찬가지라는 거죠. 지속가능 문제. 사회적 가치가 겹치는 지점도 있고 다른 면도 있지만 지속가능도 그러한 루트를 몇 번 피드백을 돌렸을 때 풍부해지고. 그 풍부함이란 현장에 촉을 대는 것이죠. 다양한 사례에 촉을 대는 겁니다. 그 다양한 사례에 발을 걸친 다음에 우리가 생각하는 추진의 담론들이 계속적으로 연단위로 갱신되어 나가면서 운영해야 된다는 시각을 갖는 것이야말로 기존의 관료적 태도로는 전진하기 어려운 거죠. 그것은 뭐냐면 공직자의 사명은 뭐냐, 우리 행정은 어떤 역할을 해야 되느냐. 특히 여기서 중앙정부의 기능들은 지방정부와 공기업은 어떠한 역할을 해야 되느냐라는 것을 다시 정의하지 않으면 전진이 안 되는 문제이고 그런 만큼 이것이 행정혁신의 본질적 과제라는 겁니다.

배 수 많은 공기업들이 정부가 추진하는 사회적 가치 혁신에 대한 이해를 바탕으로 혁신이 이루어지는 것 같지 않아요. 공기업마다 차이는 있겠으나 현장에서는 공감에 기반하지 않은 굉장히 기계적이고 약간 상명하복식의 혁신이 추진되는 것처럼 느껴져요. 좀 더 공감할 수 있는 정부 혁신 설명서나 가이드가 필요해 보여요.

오 역대 정부 혁신자료에 그런 내용이 다 있어요. 이론적 배경에도 있고 현장 매뉴얼에도 있고 그런데 그렇게 작동되지 않으니까 문제죠. 교육이 기본이다 공직자상을 제대로 세워야 된다. 다 있다니까요

윤 우리가 한 번 더 물어보는 거죠. 그렇게 실은 말을 했음에도 불구하고, 실질적으로 왜냐면 그렇게 말은 했지만 결과 보고서든 그것이 제가 보기에는 약간은 컨설팅 방식으로 현장을 지원하는 형태로 진행되지는 않았다는 거죠. 몇 가지 사례의 형식적인 진열에 불과한 거죠. 사례가 10개에서 100개, 300개가 되는 변화가 과정을 통해서 현장이 바뀌어 나가는 이러한 경험이 없는 거죠.

오 없다고 할 수는 없지요. 지난 70년 동안 300개 우수사례가 없겠어요. 300개는 쌓였겠죠. 근데 딱 그 부서만, 딱 그 일만. 그건만 모범사례다. 그러니깐 목표의 공유가 경영학 책마다 누구나 얘기하는 건데 우리는 목표를 한 번도 공유해 본 적이 없냐? 그게 제 질문이거든요.

윤 제가 보면, 역동적 거버넌스 등 싱가폴 사례를 참조해 봤을 때, 현재 정부의 운영 또는 우리 정부의 초점이 어떤 좋은 점들을 가지고 왔기 때문

에 이렇게 좀 국가발전에 기여한 면이 있었다고 생각해요. 그런데 뭔가 이제 혁신역량을, 정부역량을 실은 민주화 이후 변화된 조건하에서 강화할거냐 이런 맥락에서 보자면 사회적가치가 되든 이런 것들을 해석해 나가는 운영해 나가는 과정을 볼 때 좀 행정혁신의 과제가 제기되고 있다고 봐지거든요. 근데 그게 관료제의 일반적 특징. 불가피한 어떠한 특징인 면이 있는데 확실한 거는 지금 혁신성이란 기준에서 즉 혁신성이란 게 뭐냐면 문제를 어떠한 목표를 가지고 문제를 진척해보고 또 그것이 제대로 됐는지를 평가해 내면서 개선된 다른 시도들을 해내고 그렇게 하면서 어떤 것들을 발전시켜 나가는 것. 이런 면에서 실은 우리가 어떤 과제들이 있는가를 들여다보게 되는 것 같아요. 저는 문제는 현 상태로 드러나는 것 자체 보다 더 조금 봐지게 되는 게 뭐냐면 프로세스상의 평가들을 더 눈여겨볼 필요가 있는 거 같아요. 지금 사회적 가치가 12개 과제라는 틀과 그 다음에 기타 13번이 있었다. 그것도 실제로는 예시로서 제기된 거죠. 그러면 각각의 기관들이 우리 기관은 어떠한 사명을 시민들로부터 국민들로부터 부여 받은 것이냐 했을 때, 우리는 잘하고 있냐 이렇게 들여다보고 그것을 평가해 나가면서 우리의 과제를 약간 드러내고 그리고 이러한 것들을 할 수 있도록 중앙정부가 지원, 독려해 나가면서 전반적 혁신이 구현, 관철되어 나가는 쪽으로 어떻게 되는 것인가 라는 것을 하지 않고선 이것도 어차피 1, 2년 그냥 지나가는 하나의 트렌드 상으로 형식적으로 머무를 가능성이 있다는 거죠.

오 그래서 제가 최소한 2030년까지 가는 목표를 도구로 쓰자는 건데요. 그런데 경영평가에서 우수 점수를 받는 데는 뭐냐면 13개의 예시 중에 12개를 했다가 아니라 핵심영역과 관련된 어떤 활동을 했다. 여기에 점수를 주거든요. 그러니깐 그 얘기는 맞는 건데 그러면 사회적 가치는 담당부서만 구현하는 것이냐, 사회책임활동은 담당 부서만 하는 것이냐, 전사적으로 사회적 가치를 지향하는 거냐. 그 지점을 얘기해야 되지 않을까요?

윤 그렇죠. 아까 제가 얘기한 주택관련 정부공기업들을 보자면 임대주택을 짓는 게 역할이란 거죠. 그러면 이건 모든 부서와 관련된 거는 아니어도 대개 많은 부서와 관련되어 그 일이 추진이 되어야 되는, 어떻게 보면 공기업 설립의 가장 주요한 목표가 된다는 거죠. 그런 부분을 실행에 나간 거죠. 그리고 어떻게 보면 그걸 안 해왔다고 보기에 어려운 지점이 있는데 이러한 가치라는 차원에서 실행을 되돌아 볼 때 그것의 비중과 중요도를 재점검하게 되는 어떻게 보면 이야기 하신 것처럼 그것이 전사적으로 추구 해야 된다. 라고 하는 가치지향적인 목표가 되는 것. 추진동력을 결국 증폭시켜 주는 역할을 해줘야 하는 거 같아요. 그리고 그러면서 목표를 정교하면서도 분명한 형태로 드러내야 되는 거죠. 그러니까 사회적 가치라고 하는 생활의 변화, 삶의 변화라는 목표에서 내가 오늘 뭐 한 달에 100개를 지었다 하더라도 그것이 어떠한 비중으로 다뤄줘야 삶의 변화를 이뤄낼 수 있는가 까지를 들여다보면서 오늘 100개의 비중도 재평가 하게 되고 그렇게 되면 우리가 어느 정도까지를 달성해야 된다. 이렇게 목표가 뚜렷하고 분명한 형태로 드러나게 되는 면이 있는 거 같아요.

임 지방공기업에 수렴을 해서 이야기를 해야 할 것 같습니다. 앞단의 환경적 요인인 행정혁신은 잘 짚고 넘어온 거 같아요.

배 지금 논의의 시작이 SDGs형태로 사회적 가치 정부 혁신이 추진되어야 하나 공기업혁신을 설명하는 방법론과 논리적 설명이 부족한 것이 아니냐는 논의가 이어졌던 것 같아요. 현 정부의 혁신의 큰 틀에서 사회적 가치 유형은 SDGs와 상당히 연관성이 높으나 우리정부는 지속가능경영이라는 표현을 사용하지 않고, 혁신적 포용국가라는 표현을 사용하고 있어요. 영국에서는 큰사회(Big Society)라는 정부혁신모델과 방법론으로 공공서비스혁신(사회적 가치)을 추진하며 구체적인 실행방법론으로 변화이론, 이해관계자분석방법론, 빅데이터, 행동과학, 베스트 벨류, 벨류포머니라고 하는 예산가치 방법론 등을 활용하여 변화를 유인하고 있구요.

오　　근데 그거는 그러니까 사회적 가치법이 들어와서 생긴 게 아니잖아요. 변화관리는 경영학의 핵심이론이기도 하고 벌써 혁신하면 조직혁신 변화관리가 반드시 붙어야 되는 거니까 그거는 늘 있던 거구 밸류포머니도 80년대 후반부터 계속 붙어있는 거니까 새로운 게 아니잖아요. 사회적 가치를 밸류포머니 방식으로 해라 변화관리 잘 해야 한다. 이게 새로운 건 아니란 거죠.

윤　　아니 근데 이제 오히려 이 지점을 우리가 짚어볼 필요가 있는 거 같아요. 그러니까 사회적 가치 13가지로 했지만 12가지에 대한 구체적인 성과를 내는 것이 고민이 있었는데 원래 사회적가치법 발의할 때부터 왜냐면 얘기하신 영국사례로 보면 결국 그것이 해당 공동체가 그 문제를 드러내도록 사회적 가치가 해당공동체의 해당 시점에서 함께 추구해나갈 사회적 가치를 공동의 합의로 드러내는 쪽으로 해서 열려져 있는 것으로 해서 우리가 예시를 든다고 했지만 비교적 한국적 맥락에서 얘가 그것으로 세게 작동되어 나간 이런 식의 우리 사회가 뭔가 사회적 가치 기반에 정부혁신을 하고 있는 거가 원래 이렇게 열려져 있는 것에 비추었을 때 어떻게 보면 어떤 상단점을 드러내고 양상으로 되느냐 오히려 어떤 면에서는 이것을 합의하는 과정이 중시되는 그것을 사회적 가치가 뭐냐 우리는 뭘 중시해야 되냐 하는 논의가 풍성하게 안되는게 문제인데, 우리는 그것이 잘 안 된다고 봤던 것 같아요. 그래서 한국형 사회적 가치 12가지 예시를 제안하게 된 거겠죠. 그러다 보니까 얘가 뭔가 이렇게 열려져서 추구 되고 가치가 논의 되는 그것을 가지고 우리가 하는 일에 대해서 바라보게 역작용을 하는 현상으로 드러나는 건 아닌가?

오 그런 거죠. 그니까 제가 배소장님께 말씀드린 거는 지금 사회적 가치를 특별히 강조할 뿐 혁신전략이란 거죠 사회적 가치 혁신전략이 따로 있는 게 아니고 영국에서 변화관리를 얘기하는 게 그게 혁신의 도구로 활용하자는 거죠.

윤 어떤 혁신이든 혁신의 변화관리는 본질은 같고 시대마다 표현이 달라지는 것 같아요.

오 변화관리는 내부구성원 관리죠. 이해당사자는 보통 외부의 사람들이죠. 그 다음에는 밸류포머니는 투입 대비 산출이죠. 그게 조직을 운영하는 데 핵심적인 거잖아요. 내부, 외부, 성과. 이런 거니까

배 변화관리는 특정한 조직의 개별적 방법이 아니고 보편화된 방법론인데 앞단의 변화의 주체와 변화 목표를 무엇으로 할 거냐에 따라서 변화관리 방법론과 프로세스가 달라지더라고요. 보니까. 우리사회에서 사회적 가치를 무엇으로 정의하느냐에 따라서 변화를 전제로 해서 목표를 설정해야 해요. 아까 말씀하신 것처럼 앞으로 20년 안에 변화를 전제로 한 목표를 설정해 놓고 그걸 거꾸로 해서 추진과

정을 만드는 거지요. 그러니까 확실하게 변화를 전제해 놓고 추진과제를 뽑아놓고 그걸 달성하게 하는 거니까. 이행력이나 성과달성 측면에서는 좋은 거죠. 그러한 측면에서 공기업은 사회적 가치를 이해하고 실행 가능한 변화의 상을 그린 후 실제적인 변화를 만들어야 내야 한다. 라고 영국정부는 설명 하더라고요.

오　제가 논의하면서 보니까 젤 끝 부분을 세 가지로 제시하면 어떨까 생각됩니다. 첫 번째는 기관의 핵심적인 업무영역과 관련 돼서 사회적 가치를 창출해라. 그래서 12개, 13개가 있든 새로운 사회적 가치를 고민하든 그게 우리의 핵심 업무 영역인지를 봐라. 고걸 첫 번째로 하고, 두 번째는 사회적 가치가 12개가 있는데 지금 우리의 핵심활동들을 또는 우리의 업무를 계속 좀 맞춰봐라 그중에 어떤 것과 연결이 되는지 모든 업무를 그렇게 제안하고, 세 번째 그게 귀찮으면 SDGs 갖다 써라. 요렇게 제안하는 걸로 결론을 쓰면 어떨까요.

윤　제 글은 거의 비슷하게 정리한 거거든요. 앞의 어떻게 뭘 했는가 이런 맥락이니까 그건 중요한 문제 같아요. 그니까 그렇게 드러내는 그렇게 정리해도 좋을 거 같고요. 그 다음에 저도 결국 마지막 얘기가 변화관리가 되더라고요. 뭘 해야 되느냐 향후에. 내부에 혁신그룹을 자꾸 연결해야 된다. 그 다음에 그것이 내부적인 부분뿐만 아니라 시민주주 기업이란 것을 목표로 해나가야 된다. 거기에 중요한 요소로 노동조합 얘기를 붙였어요.

임　조금 매듭을 짓고 가겠습니다. 복기해 보겠습니다. 오 교수님의 사회적 가치에서 SDGs로 목표 설정으로 제안하는 설명이 부족했다는 문제제기와 그에 따른 토론이 있었습니다. 사회적 가치냐 SDG가 중요한 게 아니고 조직 혹은 지역사회가 공동의 목표를 합의하는 과정이 필요하다는 얘기 끝에 행정혁신으로 주제가 넘어가 관료제가 왜 작동을 안 하냐, 실질적인 변화에 대한 얘기를 하다가 이제 사례에 대해 좀 주목해야 한다. 란 논의와 변화관리로 내용이 흘러 왔습니다. 끝에 SH공사로 얘기가 흘러 왔습니다.

임　다른 이슈나 질문 제기해 주시기 바랍니다.

배　저는 사회적 가치정부혁신에 비판적 의견에 대한 건설적인 논의를 짧게라도 했으면 합니다.

배　사회적 가치정부혁신에 대한 비판적 관점을 살펴보면 정부가 사회적 가치를 중요시 하다 보니 경제적 관점이 경직되어 있고, 정부의 예산집행규모가 증가하여 비효율적인 국가경영 상황을 만들고 있다는 논설과 칼럼이 신문에 게재된 적이 있습니다. 잠깐 논의 했던 벨류포머니 관점일 수도 있고 베스트 벨류 관점에서의 문제제기로 이해됩니다. 해외사례 관점에서 본다면 국정운영에서 최고의 가치를 무엇으로 가지고 가느냐에 따라 정부의 성과가 달라지는데 현 정부는 사회적 가치를 중심으로 판단하다보니 균형감이 부족한 정부혁신이 아닌가라는 비판적 의견이 있다고 생각됩니다.
SH 관점으로 얘기하면 사회적 가치 창출을 위해서는 임대주택을 많이 지을 수 있습니다. 하지만 공기업 부채가 많이 증가하는데 어떡하죠? 라는 개념하고 비슷합니다.

오　근데 벨류포머니 관점에서 보면 딱 사회공헌활동, 사회책임활동만 해도 대부분은 직원들 동원해서 어디 가서 봉사하는 거. 이게 젤 기본이고. 그 다음에 사회복지 기관들에게 자금 지원하는 것. 연탄 주는 것, 쌀 주는 거 이런 게 대부분이에요. 근데 천만원을 써도 쌀을 천만원어치 양로원에 싹 뿌렸다 그거하고. 지역의 중요한 사회복지 단체들 그런 단체를 발굴해서 아이디어 들어보고 500만원씩 두 기관에 지원해주면 그 기관은 500만원 가지고 천만원 짜리 일을 할 수 있는 거잖아요. 부서에서 천만원어치 쌀을 뿌리면 100명한테 효과가 갔는데 두 기관한테 우리랑 협력해가지구 하면, 두 기관이 쌀이 아니더라도 100명씩 혜택을 줬다. 그러면 이거는 200명한테 혜택을 준거잖아요. 천만원을 썼는데 이런 게 밸류포머니 아니겠습니까.

임 지금 얘기는 전반적 얘기를 하셨는데, 자유주의 진영이 사회적 가치의 경제적 효율에 대해서 무시하고 있다는 것에 대한 지적에 대한 대응 설명이 필요하다. 편익의 증진보다 지역사회의 생산성에 사회적 가치가 기여한다는 설명이 좀 더 단순하게 설명이 되어야 하지 않느냐 이렇게 받아들여져요.

배 좀 구체적으로 설명을 할께요. 대표적으로 공공부문 일자리 창출, 사회적 일자리. 안정된 일자리로의 전환 등이 노동개혁 1호 정책이에요. 신규 일자리도, 공공부문의 일자리 많이 만들고 비정규직의 정규직화 일자리도 많이 창출하고 있는데요. 이런 정부정책성과를 바라보는 칼럼리스트나 논설위원들의 비판적인 글을 보면 인기 영합적 정책성과만 지향하는 것 아닌가!라는 논조의 게재 글들이 있어요.

임 또 다른 결의 비판

배 이런 정부혁신 추진성과가 합리적인가? 일자리도 좋고 고용의 안정성도 좋고 사회적 안정과 통합도 좋은데 근데 너무 많은 정부의 예산지출을 기반으로 해서 합리적 의사결정을 하지 않는 거 같다. 라는 관점이 있어요.

윤 효율성과 공공성을 말할 때, 사회적 가치를 효율적으로 실현한다는 것은 불가능한 주제인가. 실제로 어떠한 과정에서든 그것을 효율적으로 해나가자 생각해 볼 수 있잖아요. 일자리 문제도 일자리를 만드는 방식, 효과 이런 것들이 적절한 거냐. 우리가 물론 이 시각에서 그러면 사회적 가치가 뭐냐 일자리에 투영되는 사회적 가치의 구체적 모습들을 드러내게 하는 것. 예를 들면 안정적이고 지속적인 일자리를 공급해야 된다. 그다음에 사회혁신 면에서 우리가 해야하는 어떤 것들을 공급하는 그러한 사회공급서비스를 제공하는 쪽을 해야 된다. 그런데 그 자체도 효율적으로 해야 된다 라는 것도 중요한 과제이지 않을까요.

오 효율적으로 간다고 그러면 전달체계를 잘 꾸리거나 돈을 잘 뿌리는 게 떠오르고요. 효과적으로 했느냐 사회적 가치를 효과적으로 만들었느냐 그 활동을 효과적으로 했냐 요렇게 하면 소셜임팩트가 생각 납니다.

윤 그렇게 한다면 효과적으로라고 얘기해 볼 수 있을 거 같아요. 근데 이런 거 있잖아요. 약간 다른데 일자리의 형성과정에서 정부는 어떤 역할을 해야 되냐. 정부와 기업과의 역할이 어떻게 나누어져야 하냐. 이런 지점에서 얘기를 해 볼 수 있지 않을까. 큰 틀에서는 실제로 정부가 기업활동이나 산업활동의 촉진과정에서 어떤 역할을 해야 되고 그 다음에 기업이 할 수 없는 부분을 정부가 해야 되는데, 실제로 그 목표를 달성하기 위한 과정으로 하고 있냐. 당장은 다 들어가 있는 과제죠. 저희 예를 들어 사회서비스원을 설립을 한다. 사회서비스원이 어떠한 일자리냐. 그냥 복지만 해야되냐 그렇지 않음 돌봄이나 이런 영역까지 해야되냐 이렇게 했을 때. 두 가지의 노동성격이 다른데 얘들을 특성화해서 해야 되느냐. 표준화가 가지는 일반적인 위험성이 있는거 아니냐. 각각의 노동특성을 살려서 직급체계를 분류해야 되는 거 아니냐 이렇게 하는 지점들은 다 논의 사항이 필요한 거잖아요. 그런데 이런 부분이 대체로 풍부한 논의를 거쳐하기 보다는 가시화된 성과를 중심으로 하는 형태로 차근차근 진행되지 않은 경향이 있다. 라고 지적할 수 있지는 않을까

배　그렇게 생각할 수도 있는데요. 예를 들어 SH도 그렇지만 신보 같은 데도 사회적 가치 지향의 공공기관 운영을 해야 한다면 리스크가 큼에도 불구하고 대출을 해줘야 되느냐 이런 질문들을 갖고 있어요. 이전의 기업가적 관점이나 리스크를 관리하는 관점에서 보면 사회적 가치를 지향한다고 얘기하기 어려운 거죠. 그래서 좀 약자기업이고 좀 회수가능성이 떨어지더라도 이 기업을 도와주면 약자기업이니까 그동안에는 건실한 기업만 도와줬었는데 약자기업을 도와주는 게 사회적 가치라고 생각했는데 리스크가 커지는 거죠. 그런 측면에 공기업 활동이 많아진다면 이게 사회적 가치인가 라는 고민과 그게 제대로 된 정책인가라는 관점이...

윤　균형의 관점으로 말하면 이런 문제가 있는 거 같아요. 예를 들면 사회적 가치란 면에서 점수화하고 그래서 기존의 경제적 측면에서 평가했던 것들을 보완해 나간다고 할 때. 분명히 경제적 가치에 대한

평가를 안 하는 건 아니잖아요. 항목체계에선 유효하게 남아있는 거죠. 그런데 사회적 가치란 항목이 신설이 됐고, 5%든 10%로든 그런데 51%가 되는 건 아니거든요. 그 증가된 만큼의 리스크가 증가하는 거는 사실이지만 그것은 우리가 결정하는 거죠. 리스크가 증가하더라도. 리스크가 압도적인 결정을 하는 건 아니죠. 리스크가 증가함에도 불구하고 우리가 이 문제는 변화를 시켜보자 라고 하는 거 아닌가요.

오 그러니까 그게 저는 추가적인 사회복지 재정을 충당하는 게 아닌 것이죠. 사회적 가치를 측정하는 소셜벨류 포탈에 사회적 가치 체크리스트가 있잖아요. 거기에 경제 항목이 있잖아요. 그니깐 사회적 가치에 경제 항목은 안 들어 있다고 볼 수는 없는 거죠.

배 소셜벨류 포털 체크리스트는 해외 기준으로 우리나라는 사회적 가치 활동에 대한 체크리스트나 가이드라인이 없습니다.

오 그거는 비판을 해야 되는 거죠

임 현재의 지표체계에 생산성, 지역사회 기여가 보완되어야 한다고 봅니다.

배 정부가 사회적 가치 혁신정책을 추진할 때 예산대비 효과성을 전제하되 추가적으로 공동체발전과 공익발전을 실현시킬 수 있는 방법이 사회적 가치 활동이라고 가이드를 주면 앞서 이야기한 인기영합주의나 합리적인 정책결정인가? 라는 비판에 대해 대응이 가능할 텐데요.

임 그러니까 배경에는 시장실패, 정부실패로 사회적 가치 정책을 도입한다고 하는 거는 설계에도 문제가 있다고 보는 거죠.

오 그리고 더하기. 지역사회 이야기를 하셨는데 사회적 가치란 거는 참여, 합의가 중요하다고 얘기 했잖아요. 그렇기 때문에 생활 단위랑 더 가까워야 되는 겁니다. 그러니까 중앙공기업 말고 지방공기업들이 사회적 가치를 더 잘 구현할 수 있다. 이것도 중요한 관점으로 생각해야 되지 않을 까요.

임 혁신이 성공하기 위한 과제에 대한 이야기를 나눴고요. 마지막으로 책에서 약하게 쓰였거나 다른 강조하실 말씀 있으시면 듣겠습니다.

배 정부혁신의 성패는 일선공무원이나 공기업 실무담당자를 이해시키고 실행성과를 만들어 내도록 하는 것에 달려있다고 보여요. 하지만 혁신의 현장은 기관별로 공감의 차이가 많은 것 같아요. 사회적 가치 전략체계나 비전체계는 만들어져 있으나, 공기업 실행상황은 숙제를 하는 것 같이 경직되어 있어요. 사회적 가치 공기업혁신 맥락을 전사 직원들에게 공감과 체감력을 높여 실행성과를 어떻게 만들어 낼 것인가?에 대한 논리적 체계나 프레임웍이 여전히 약하다는 느낌이 들었어요. 공기업혁신 가이드에서 보완되었으면 하는 내용으로는 변화이론이라든가 이해관계자 분석, 행동과학, 증거기반의 사결정이론(빅데이터), 벨류포머니, 베스트밸류 같은 혁신방법론과 측정방법론에 대한 설명이 더해졌으면 좋겠어요.

올해 공기업평가를 대비한 가장 큰 이슈는 사회적 가치 전략체계 만들어서 성과를 만들어내는 것이잖아요. 공기업 중 사회적 가치 실행 전담조직을 배치한 기관과 사회적 가치 활동 성과들에 대해 정성적,

정략적 평가를 통해 재무적 가치로 전환한 사회적 가치 평가를 시행한 기관은 좋은 평가를 받을 것 같아요. 올해와 내년 사회적 가치 전략체계 고도화나 체감력 있는 실행성과를 만드는데 적극적인 공공기관은 오교수님 글에서 잠깐 언급이 되기는 했지만 실제로 추진과제별로 사회적 가치 활동성과가 얼마만큼의 경제적 가치로도 효과가 있었는가를 객관적으로 검토하여 주요이해관계자들에게 설명하려고 시도 했는가 라는 차별적 시도가 공기업 경영평가에서 기관별 차별화가 생길 것 같아요. 국내 발표된 몇 개의 공기업 사례와 SK사회공헌위원회에 사회성과 인센티브 측정체계 등의 사례, 해외사례와 방법론을 중심으로 공기업 사회적 가치 측정과 평가를 강의를 하다 보니 사회적 가치 측정 관련 공기업 담당자들의 공감대 형성이 상당이 어려웠어요. 그럼에도 불구하고 올해 선제적으로 사회적 가치 평가를 통해 공기업 사업의 사회적 가치 활동을 통한 국민체감 성과 등의 맥락에서는 가장 중요한 과제일 것 같아요. 이와 관련해서는 후속적인 논의나 저술 등이 필요할 것 같습니다.

임 이것으로 오늘 마무리 하겠습니다. 모두 애쓰셨습니다.

끝

사회적 가치의의와 조직목표 체계의 전환 – 오수길

① 이름: 오수길
② 이메일: soogiloh@gmail.com
③ 연락처: 010-4455-5903
④ 학력(학교, 학과, 전공)
  a. 학사: 성균관대학교 행정학과(행정학사)
  b. 석사: 성균관대학교 대학원 행정학과(행정학석사)
  c. 박사: 성균관대학교 대학원 행정학과(행정학박사)
⑤ 경력(현직함 포함):
  2004. 3 – 현재 고려사이버대학교 창의공학부 교수
  2017. 11 – 현재 고려사이버대학교 산학협력단장
  2019. 2 – 현재 한국지방자치학회 주민자치특별위원장
  2019. 1 – 현재 한국NGO학회 편집위원장
  2018. 1 – 현재 한국환경사회학회 부회장
  2019. 4 – 현재 인사혁신처 정책자문위원회 위원
  2019. 4 – 현재 서울특별시 민주시민교육 자문위원회 위원
  2019. 3 – 현재 ICLEI 한국사무소 전문위원
  2019. 1 – 현재 경기도지속가능발전협의회 정책위원회 부위원장
  2019. 1 – 현재 전국지속가능발전협의회 정책자문위원
  2018. 12 – 현재 서울 종로구 지속가능발전위원회 위원장
  2018. 6 – 현재 (재)한국환경민간단체진흥회 이사장
  2018. 2 – 현재 서울시 지속가능발전위원회 위원
⑥ 연구 분야: 지속가능발전, 거버넌스, 행정철학
⑦ 연구 주제:
  지속가능발전을 위한 행정혁신
  지속가능발전을 위한 거버넌스
  공공가치 창출과 거버넌스
  지속가능발전도시
⑧ 연구 방법론의 특징:
  행정 현장에서의 교육과 컨설팅 경험을 바탕으로 한 사례연구
⑨ 향후 연구 계획:
  지속가능발전 거버넌스(저서 준비중, 단독)
  도시이야기(고려대학교출판문화원 저서 준비중, 단독)
  영국의 지속가능발전도시를 가다(저서 준비중, 공저)
  도시정부 서울(저서 준비중, 공저)
⑩ 업계 평가(수상 목록):
  근정포장(2018. 6. 5) – 국가지속가능발전목표 총괄
  환경부장관 표창(2015. 10. 14) – 지방의제21 활동
  행정안전부장관 표창(2010. 10. 1) – 매니페스토운동
⑪ 출판 경력(저서/역서 목록):
1) 저서

2018. 7「로컬 거버넌스의 성공모델」. 서울: 대영문화사.(7인 공저)
2017. 12「우리의 지속가능한 도시」. 서울: 유네스코한국위원회.(6인 공저)
2017. 6「민주주의, 종교성, 그리고 공화적 공존」. 서울: 다산출판사.(11인 공저)
2016. 12「경기만 날개를 펴다: 경기만 에코뮤지엄 기본구상」. 안양: 이야기너머.(11인 공저)
2015. 8「환경사회학: 자연과 사회의 만남」. 파주: 한울.(10인 공저)
2014. 1「갈등을 넘어 협력 사회로」. 서울: 살림터.(4인 공저)(한국연구재단 사후우수도서 지원 선정도서)
2013. 6「녹색당과 녹색정치」. 홍천: 아르케.(11인 공저)
2013. 2「사회문제를 보는 새로운 눈: 한국사회의 33가지 쟁점. 서울: 선인.(33인 공저)
2011. 1「기후변화의 유혹, 원자력: 원자력 르네상스의 실체와 에너지 정책의 미래」. 서울: 도요새.(7인 공저)
2008. 11「녹색 대안을 찾아서」. 서울: 아르케.(11인 공저)
2006. 6「민관 협력의 거버넌스: '지방의제 21' 추진 과정의 경험」. 파주: 한국학술정보(주).

2) 편저

2016. 8 Interdisciplinary Perspectives on Public Affairs & Qualitative Research. Seoul: CMPress.
2009. 8「한국의 협력적 거버넌스」. 서울: 대영문화사.(2인 공편)
2008. 8「미래국가로 가는 길 뉴거버넌스」. 서울: 대영문화사.

3) 역저

2014. 10「세계 지속가능발전 도시」. 서울: 리북.(7인 공역; 대표역자)
2014. 3「네트워크 정부」. 파주: 한울아카데미.(4인 공역)
2013. 12「지속가능성의 도전」. 서울: 도요새.(4인 공역; 대표역자)
2013. 4「세계 지방의제21 20년사」. 서울: 리북.(9인 공역; 대표역자)
2012. 1「희망의 경작」. 서울: 환경재단 도요새.(4인 공역; 대표역자)
2010. 5「소비의 대전환」. 서울: 환경재단 도요새.(4인 공역; 대표역자)(환경부 우수환경도서)
2010. 1「지속가능성 혁명」. 서울: 시스테마.
2009. 6「기후의 역습: 지구환경보고서 2009」. 서울: 환경재단 도요새.(3인 공역; 대표역자)
2009. 3「생태논의의 최전선」. 서울: 필맥.(4인 공역)
2008. 3「탄소경제의 혁명: 지구환경보고서 2008」. 서울: 환경재단 도요새.(11인 공역; 대표역자)
2007. 4「도시의 미래: 지구환경보고서 2007」. 서울: 환경재단 도요새.(3인 공역; 대표역자)
2006. 4「지구환경보고서 2006」. 서울: 도요새.(3인 공역; 대표역자)
2005. 4「지구환경보고서 2005」. 서울: 도요새.(3인 공역; 대표역자)
2005. 2「정치생태학」. 서울: 도서출판 당대.(3인 공역)
2004. 2「지구환경보고서 2004」. 서울: 도요새.(3인 공역; 대표역자)
2003. 3「지구환경보고서 2003」. 서울: 도요새.(3인 공역; 대표역자)
2002. 1「지구환경보고서 2002」. 서울: 도요새.(3인 공역; 대표역자)
2001. 8「반정부 시대의 행정」. 서울: 대영문화사.(3인 공역; 대표역자)
2001. 1「지구환경보고서 2001」. 서울: 도요새.(3인 공역; 대표역자)
2000. 12「합리성과 자연: 변화하는 관계에 대한 사회학적 탐색」. 서울: 한울.(4인 공역;

⑫ 활동 조직 및 단체:

전국지속가능발전협의회 등 전국의 지속가능발전협의회
서울시지속가능발전위원회 등 전국의 지속가능발전위원회
인천광역시, 경기도 민관협치 지원단 등 민관협치 관련 교육, 연구
한국매니페스토실천본부 정책자문, 공약평가

공공기관 혁신전략과 사회적 가치 실현 연계방안 - **배성기**
영국 사회적 가치 정부혁신정책과 시사점

① 이름: 배성기

② 이메일: bsk@svi.re.kr

③ 연락처: 02-943-1947, 010-4249-7239

④ 학력(학교, 학과, 전공)

a. 학사: 가천대학교 건축과

b. 석사: 가천대학교 경영학과 회계학

c. 박사: 단국대학교 경영학과 서비스운영관리

⑤ 경력(현직함 포함):

2018.03 - 현재 사회적가치연구소 소장

2014.12 - 현재 브릿지협동조합 이사장

2009.02 - 현재 한국민간위탁경영연구소 소장

2008.06 - 2009.01 지투비코리아 이사

1998.11 - 2008.05 한국산업연구소 팀장

⑥ 연구 분야: 사회적 가치, 사회적경제, 공공서비스, 서비스품질, 정부원가계산, 정부혁신, 협치, 사회혁신

⑦ 연구 주제:

사회적 가치를 실현을 통한 정부 및 공기업 혁신전략 수립

사회적경제·사회적경제기업을 통한 사회혁신 및 공공서비스 디자인

정부 및 공공기관 사회적 가치 측정 및 평가

공공서비스 품질경영 제도설계 및 전략수립

민관협업 제도설계 및 전략수립

공공기관 중장기경영전략·조직진단·성과평가·공공요금 산정

⑧ 연구 방법론의 특징: 국내·외 사례연구를 통한 비교연구 및 질적 연구

⑨ 향후 연구 계획:

정부 및 공공기관 운영원리인 사회적 가치기반 혁신 활동의 지속성을 확보하기 위한 사회적성과 성과평가 방법론 연구 및 교육 진행 중

⑪ 출판 경력(저서/역서 목록):

배성기(218) 중앙정부 및 지방자치단체 사회적 가치 구현 사례집

배성기(2016) 지방자치단체 사회적 가치 구현을 위한 공공조달 프레임워크

배성기·안창규(2016) 공공서비스 혁신 (협동조합 도시 람베스구)

배성기(2012) 사회적 기업 및 비영리부문의 공공부문 계약 및 입찰

배성기(2011 - 2020) 정부기능 및 정부사무 민간위탁

⑫ 활동 조직 및 단체:

2019 - 현재 성북구청 사회적경제위원회 부위원장

2018 - 현재 한국수력원자력 사회적 가치 위원회 위원

2018 - 현재 해양수산과학기술진흥원 사회적 가치 위원회 위원

2018 - 현재 농업기술실용화재단 사회적 가치 위원회 위원

2018 - 국민권익위원회 부패영향평가 자문위원

2017 - 한국의정연구회 지방의회연구소 초빙교수

서울주택도시공사, 혁신에 나서다 - 윤진호

① 이름: 윤진호
② 이메일: sbseoul@gmail.com
③ 연락처: 010-9770-9566

④ 학력(학교, 학과, 전공)
  a. 학사: 고려대학교 산업공학과
  b. 석사: 고려대학교 정책대학원 아태지역연구학과
  c. 박사: 고려대학교 건축학과 도시계획 및 설계 전공 석박사통합과정(수료)

⑤ 경력(현직함 포함):
  중구 문화재단 사장(현)
  서울주택도시공사 미래전략실장(전)
  서울시장 정책보좌관(전),
  서울시 주거재생지원센터장(전)
  성북구청 생활구정기획단장(전)

⑥ 연구 분야: 도시재생, 협치, 문화도시

⑦ 연구 주제:

⑧ 연구 방법론의 특징:

⑨ 향후 연구 계획: 문화적 도시재생

⑩ 업계 평가(수상 목록):

⑪ 출판 경력(저서/역서 목록):
  저성장시대의 도시정책(공저)
  거버넌스형 지방정부 조직과 운영모색(공저)

⑫ 활동 조직 및 단체:

사회적 가치 지방공기업 혁신전략 - 종합토론 정리 - 임봉규

① 이름: 임봉규
② 이메일: bb1917@daum.net
③ 연락처: 010-4895-4151
④ 학력(학교, 학과, 전공)
a. 학사: 단국대학교, 지역개발학과, 지역개발
b. 석사: 단국대학교, 도시 및 지역 계획학과, 지역정책(수료)
c. 박사:
⑤ 경력(현직함 포함):
2019. 9 ~ 2020.9 사회적가치 연구소 선임 연구원
2017. 5 ~ 현재 (사)지역사회연구원 책임 연구원
2018. 4 ~ 현 의정부시 사회적경제네트워크 정책팀장
2018. 4 ~ 현 협동조합 마을식당 품 운영위원
2014. 4 ~ 2017. 2 (사)마을엔사람 문화예술팀장
⑥ 연구 분야: 지역계획, 지역정책, 계획이론
⑦ 연구 주제:
서울시 민관협치(거버넌스) 자치구별 사례 비교
사회적 가치를 중심으로한 지방정부의 사회혁신 과제
한국에서 무소유 공동체 실험 사례
조직내 민주적 의사결정 체계
⑧ 연구 방법론의 특징:
민족지적 연구(현장 중심의 참여관찰, 인터뷰, 맥락분석)
⑨ 향후 연구 계획:
서울시 지역사회혁신계획(민관 협치) 참여 관찰, 인터뷰(진행 중)
성남시 단대동 논골 마을공동체 참여 관찰, 인터뷰(진행 중)
조직혁신을 위한 의사결정 과정과 방법론 연구
⑩ 업계 평가(수상 목록):
⑪ 출판 경력(저서/역서 목록):
⑫ 활동 조직 및 단체:
2017. 5 ~ 현재 (사)지역사회연구원 책임 연구원
2018. 4 ~ 현 의정부시 사회적경제네트워크 정책팀장
2018. 4 ~ 현 협동조합 마을식당 품 운영위원

사회적 가치와 공기업 혁신

초판인쇄 | 2020년 12월 31일
초판발행 | 2020년 12월 31일

발 행 처 | 사회적 가치 연구소
발 행 인 | 사회적 가치 연구소 소장 배성기
편 집 인 | 큰날개 홍원기 선임연구원
편 낸 곳 | 출판사업부 『큰날개』
서울시 성북구 종암로 167, 101-2001
전화 02) 943-1947 팩스 02) 943-1948
홈페이지 : www.bigwing.modoo.at
출판등록 | 제 307-2012-46 호